予言者の研究

浅野順一

講談社学術文庫

まえがき

本書は約三十年前に出された著者の処女作であり、それだけに思い出も多い。その後、たしか改訂版も加え、わずかな部数ながら四版を重ねたが、今度久しぶりでまた五版を出すことになった。

今でもよく方々で聞かれることであるが、何故著者が特に旧約聖書に興味を持つようになったか。それは、著者の学生時代（旧東京商大）に三浦新七という教授（後学長）がおられ、「商業史」の名目で、実はヨーロッパ文化史（我々の学年はたしかヘブル文化史とギリシャ文化史の一部）を講義として聴いた。著者は一週一度、この講義を聴くのが唯一の楽しみみたいに通学していたのである。おそらく当時一番学生の人気を呼んでいた講義の一つではなかったろうか。二、三百人はいる講堂に早く行かぬと席がとれないほどであったと記憶している。

三浦先生の博学で名調子の講義は、著者を魅了し、今ではその内容はどういうものであったかほとんど忘れてしまっているが、旧約聖書というものはヨーロッパ文化、従ってまた世界文化の形成に大きな原動力であることをこの講義によって初めて教えられ、今までお伽話に毛のはえたものくらいにしか考えていなかったものが、実に大きく深い意義をもつものであることを初めて知らされたのである。

三浦先生とは在学時代個人的には何ら接触もなく、卒業後一度もお目にかかっていない。先生は比較的はや死にされてしまったが、もし今日ご存命で、著者のような一生旧約聖書にとりつかれている人間が、かつての聴講者の中にまじっていたと知られたら、喜ばれたか悲しまれたか、直接伺ってみたいような気がする。

卒業後会社勤めをしばらくしたが、聖書研究を決心した時、旧約の勉強を励まして下さったのは著者をキリスト教の信仰に導いて頂いた森明先生であり、旧東京神学社入学後、予言者の宗教について大いに鼓吹されたのは高倉徳太郎先生である。

しかし、旧約聖書をどのように勉強したらよいかは日本では十分納得出来ず、スコットランド遊学中、エディンバラ神学校のアダム・シー・ウェルシュ教授の講義で手ほどきしてもらったと称してもよい。その後ベルリン大学で、ゼリンやバートレットの講演にも列したが、ドイツ語の不十分な著者には正直のところ得るところは少なかった。

約三年間のヨーロッパにおける勉強を終え、帰国後、研究発表や、講演の草稿を整理して新教出版社の前身長崎書店から出されたものが、この「予言者の研究」である。

今度新しく版を重ねるにあたって、読者のために先ず新教出版社のほうで、次いで著者自身、手を入れ、引用の聖書を口語訳に改めるほか、小むずかしい漢語をなるべくやさしい言葉にかえるように努力したが、それでも現代の若い人々には親しみにくい表現が大分残っている。あまり訂正すると全部書きかえねばならぬのでほどほどにしてやめ、従って不徹底なものになってしまった。

三十年前の処女作を今一度比較的念を入れて読み直してみて、随分気負って書いたものだと思うが、それは著者の若さのせいであろう。それと共に予言者の信仰や思想につき著者の考え方が、根本的には、昔も今もあまり変わっていないのにいささか意外に感じた次第である。人間の思想などというものは一生そんなに変わり得るものではないことを今さらのように考えさせられる。そこには勿論前記諸先生の影響があってのことであり、人間が二十代三十代の年頃どんな先生について何を学んだかということそのものの思想形成上どんなに決定的なことであるかを改めて思い知らされたわけである。

一体書物というものについて、「飲むなら古い酒、つき合うなら古い友、読むなら古い書物」という西洋の諺があるが、書物の古さということは何年位だろうか。著者はまず五十年ではないかと漠然と考えるのである。つまり半世紀間一つの書物が読者をもち続けるならば、まずまずその書物は半永久的な生命を保つのではないかしら。貧しい本書があと何年読者を得るであろうか。或いはこの版で最後となるかも知れない。著者があと二十年生き延びるということは到底考えられないことであるから、過去三十年の寿命を保った本書があと何年、なお読者にまみゆることが出来るか、それを最後まで見とどけるわけにはいかない。

しかし新教出版社が本書をまた改訂再版したいと申し出てくれたことは著者にとってやはり大きな喜びであった。もともと未熟な書物であるということは著者自らよく承知している。しかし、最初に生んだ子はたとい不出来であっても思い出が大きく、愛着もそれだけ深い気がする。そしてこんなことを考えるということはそれだけ著者が年をとったということになるのであろう。

〈付録2〉の「政治の世界における予言者の論理と倫理」は、たしか三年ほど前に書いたものであるが、予言者に、直接関係の深いことであるから、旧著に付加することにした。

本書の再版にあたり新教出版社の編集部、殊に西阪盾氏の配慮と手数を煩わしたことについて、深い感謝の意を表して筆をおく。

一九六三年七月二十日　渋谷自宅にて

著　者

目次

予言者の研究

エリヤの宗教改革

1　序　言

個人の生活にも国民のそれにも、しばしば信仰上の危機を経験する。神か人か、自然か超自然か、物質か人格か、その一つを選ぶことは選ぶ者以外の人格によって迫られる。イスラエル宗教史もまた、しばしばこのような危機を経過して来た。イスラエルの精神生活がその根本から覆（くつがえ）されようとする時、その問題の所在を明示し、神か人か、人格か自然か、ヤーウェかバアルか、二つの内の一つを選ぶべく決断を民に促した者こそ、旧約の予言者達であった。アモスは、予言者を、ヤーウェがイスラエルに賜わった賜物であると考えている（アモス二・一一）。それはイスラエル民族の信仰生活における危機に当たって、予言者らは彼らに啓示せられたヤーウェの聖旨を生命を賭して忠実に伝えたからである。彼らはイスラエルの向かうべき方向を適確に指示した先達であり、イスラエル民族の良心であった。わがエリヤもまた、このような予言者であり、「モーセ以後（記述予言者に至るまで）イスラエルの宗教生活において最大の人物であった」（キッテル）。

エリヤの歴史については、列王紀における彼に関する記事が伝奇的であるという理由でこれを疑い、或いは否定する学者もあるが、我々は後世の記述予言者の神観に深大なる影響を与えたエリヤが実在の人物であった事実を躊躇なく認めたいと思う。

2　予言者エリヤの時代的背景

エリヤが予言者として活動したのは今より約二千九百年も昔のことである。この時代イスラエルを支配した王は、アハブという英邁な君主であった。この頃は種々なる意味において、ソロモンの時代を髣髴（ほうふつ）させるものがある。ソロモンの世は実にこれより約半世紀以前であった。その識見の濶達、機略の縦横である点において両者は近似せる点が多い。文明史家ルナンは言う、「アハブはその知力においてソロモンと等しくあり、その軍力において彼にまさっていた」と。

イスラエルの十二支族を統一し、これを外敵の圧迫から解放した英雄はダビデである。このように統一されたイスラエルを世界の文化国に伍せしめた者は、その子ソロモンであった。彼はこのために軍隊を増し、行政の区画を分明にし、外国貿易を開き、諸所に築城を営み、また初めてイスラエルに税制を布（し）いた。彼の偉業は必ずしも野の百合とその栄華を競うエルサレムの宮殿の造営のみではなかった。

しかしイスラエルは元来農業国である。不自然なる国力の膨脹と都会文化の繁栄とは、イスラエルの農村を極度に疲弊せしめ、民は重税と労役とに苦しまねばならなかった。ソロモンの死後、ネバテの子エロボアム（或いはヤラベアム）を頭首と仰ぐ北イスラエルの民は、永遠にエルサレムの王国から分離してしまった。このような南北両王朝の分裂は、宗教的原因が重大な役割を演じていることを見逃がしてはならない。ソロモンは外国文化移入の方法として諸外国の宮廷と婚姻の関係を結んだ。エジプト王の娘を妃としたのはその一例である。諸国からの王妃はエルサレムの城内で母国の神々を礼拝した（I列王紀一一・七、八）。すなわちヤーウェはソロモンの政策の故に、異国の神々と雑居することを余儀なくされたのである。ソロモンはまたエルサレムの神殿を営むにあたって、フェニキヤの工人を招いてこれに当たらせている。異邦の工人が自国の宗教的象徴によって神殿を粉飾するのはけだし当然である。その故にヤーウェはフェニキヤの神メルカルトが住むのにふさわしい神殿に住まねばならなかった。

しかるにヤーウェはシナイの神であり、砂漠の神である。香柏（こうはく）の家を嫌って天幕の中に宿ることを欲する神である（IIサムエル七・一以下）。ここにヤーウェの性格と、ソロモンの築いた神殿との間に横たわる矛盾があった。イスラエルの直面する危険は、「奴隷の家エジプトの地」から彼らを導き出したアブラハム、イサク、ヤコブの神、またモーセの神であるヤーウェが、異教の神々すなわちフェニキヤの神メルカルト、アンモンの神モロク、モアブの神ケモシュなどと同じくイスラエルの中で礼拝されているのを認めねばならぬことであった。またヤーウェ自身も、これらのカナンの神が仕えられるのにふさわしい宗教的儀式をもって仕えられることであった。形の存するところに心もまたある。宗教儀式がバアル教化するということは、ヤーウェの宗教そのものが、カナン化するということであった。換言すればヤーウェは、その道徳的、人格的な内容を失って、自然的扇情的なディオニソス的性質を新たに採るということである。一言で言えばヤーウェのバアル化である。しかるにソロモンはこの矛盾を意識していなかった。彼はあくまでもヤーウェの忠順な僕（しもべ）をもって任じていたのである。この危険を洞察して立った者は予言者アヒヤである。彼はエロボアムを助けて北王朝樹立の大業を完成させた。

　これより約半世紀後、アハブの時代において同一の宗教問題・政治問題が、より深刻な程度で繰り返されている。アハブの父オムリにいたって、北イスラエルの国政はとみに回復の途上にあった。ソロモンの後オムリにいたるまで、この国の歴史は簒奪（さんだつ）と虐殺の血なまぐさい反覆であった。オムリは都をサマリヤに定め、爾後その没落に至るまで一世紀半、北イスラエルの都をここに置いた。アッシリヤの帝室年鑑に北イスラエルの王朝はオムリ家（ビト・オムリ）なる名称によって代表されているのを見る時、我々は彼の建てた王朝が如何に有力であったかを知る。

アハブはこのように比較的有力であった王位をその父より継承したのであるが、北に強敵ダマスコを控え、南のユダと相対していた。彼はまずその兄弟国たるユダと手を握り、またフェニキヤの皇女イゼベルを娶ることによって友交の策を立てた。ダマスコのベン・ハダッドがサマリヤを囲むや、これを撃退し、さらにアペクにおいてこれを撃滅している。このようにして彼は父祖がアッシリヤによって奪われた都市を奪還したのみならず、ダマスコに北イスラエルの租界さえも設けて貿易に便ならしめている。旭日昇天の勢いにある北イスラエルに対し、南ユダはその属国の如く従順となるにいたった（I列王紀二二・四）。彼はユダの皇子ヨラムにめあわすにその女アタリヤをもってしている。

皇女イゼベルを妻としフェニキヤと結んだのは、必ずしもアハブが強敵ダマスコを恐れたからのみではない。彼もまたソロモンの如く、フェニキヤを通して世界の貿易市場に乗り出し、巨富を築こうと企てたからである。その当時フェニキヤはすでに有力な商業国、工業国であった。近東アジヤの物資はこの国を通して或いはヨーロッパにまたアフリカの沿岸に運ばれたのである。地中海はあたかもフェニキヤの船員のために造られた湖の如き観があった。イスラエルがアジヤとアフリカとの結接点である、いわゆる「陸橋」の地理的位置の優越を利用することにより、さらにフェニキヤと結ぶことによって、貿易上の利益を独占することは必ずしも困難なことではない。アハブの着目したのもこの点であった。イスラエルは小麦、ぶどう酒、果実、オリーブ油、蜂蜜、獣皮、バルサム等の生活必需品をフェニキヤに供給し、色ガラス、宝石、香料、紫布、刺繍、その他の工芸品をこの国から輸入した。レバノンの香柏を輸出することもイスラエルの主要なる貿易であったに違いない。アハブはこのようにソロモン以後沈滞していた外国貿易を再び盛大ならしめたのである。

紀元前八五三年、アッシリヤのシャルマネゼル三世が西征した時、直ちに諸国の王十二人を呼び集め同盟軍を組織してオロンテス河畔のカルカルにおいてアッシリヤ軍を防御したのもこのアハブであった。この時、北イスラエルとシリヤとは同盟軍中指導的地位にあったと思われる。アハブの晩年に属国モアブは、北イスラエルに反逆し、またラモテ・ギレアドを奪還しようとしたシリヤとの再度の戦いにおいて彼は無惨の死を遂げたのであるが、その従容たる死は傑出した君主の最期にふさわしいものがあった。

ソロモンの如く彼もまたサマリヤにおける居城を拡張し、豪奢のかぎりをつくしている。ソロモンがその妻妾のために各国の神殿を建てたように、アハブもまたフェニキヤの工人を招いてシドンの神メルカルトのために礼拝所を設けた（I列王紀一六・三二）。

最近ハーバード大学のサマリヤ発掘によって、多くの新しい研究資料が供給されるにいたった。そしてその宮殿の造営において、アハブは北イスラエルにおける第二のソロモンであったことが明らかにせられたことは甚だ興味深い（I列王紀二二・三九）。これらの資料を基礎とする当時の歴史研究は Jack: Samaria in Ahab's Time, 1929 を参照。

アハブはこのように決して聖書記者の記述の如く無能無為優柔不断の暗君ではなかった

（I列王紀一六・三〇）。彼によって北イスラエルは政治の安定を得、領土を拡張し、国富を増大し、壮麗な建築は起こされた。すなわちソロモンの盛時は彼の努力を通して再現されようとしたのである。列王紀記者のやや偏した宗教歴史観は、イスラエルに対するアハブの功績を甚だしく歪めている。

3　対カナン文化の問題

しからば何故予言者エリヤはアハブの政策、特に宗教政策に反抗して立ったのであろうか、アハブ対エリヤの対立は果たして何を意味しているのであろうか。われわれはここに両者の抱いている宗教観の根本的相違を発見する。

予言者モーセとその後継者ヨシュアによって率いられたイスラエル人は、エジプトを脱出し、紅海を渡り、四十年の間アラビヤの荒野を放浪し、ついにヨルダンを越えてあこがれの地カナンに侵入し、ここを定住地とした。この地はまことに「蜜と乳との流れる」楽土であるべきであった。しかし事実は決してイスラエル人をして無事平穏なる生活を送らしめなかった。

古代史家マイヤースは、「イスラエル人がカナンに侵入したことは実に悲劇であった」とさえ言っている。約束の地は彼らに遊牧の業を捨て、農耕の生活に就くべきを教えた。天幕をとりこわして切石の家に住むべきを必要とせしめた。岩清水に口すすぐをやめてぶどう酒を楽しむべく誘った。彼らは如何にして麦を作り、ぶどうを培い、オリーブを育てるべきかを先住民カナン人について学ばなければならなかったのである。しかるに土地を所有する者は、イスラエルの神ヤーウェではなくカナン人の神バアル（バアルとは所有主の義）である。雨を降らし日を照らし植物の生育を主宰する神はバアルであり、その女神アシュタルテである。万軍の主、牧羊者の神である砂漠のヤーウェは元来農民の神ではない。ここにイスラエル人の直面せる問題があった。解決すべく容易ならざる問題である。しかしそれを解決せずしては神の選民はそのよって立つ独自性と使命とを失う難問である。如何にせば砂漠の神ヤーウェはカナンの農民文化を指導し得るか。換言すればモーセに始まる峻厳な人格的道徳宗教が農耕生活の内に如何にして徹底せしめられるかの問題である。ヨルダンを越えたイスラエル人が、その生活様式の一変と共にその拝する神を即座に変えることは或いは容易なことであるかも知れない。しかし、それでは問題の根本的解決にはならない。イスラエル人はしばしばこの誘惑を感じた。またこの難問の前に彼らが尻ごみして約束の地を捨て、再びカデシュの広野に帰るのでは、なおさら問題は未解決のままに放棄せられることである。今やイスラエルはカナンの文化をヤーウェの名において潔め、これを自家の薬籠中に納めねばならなかった。畢竟（ひっきょう）これはヤーウェ信仰をもってバアル文化を征服することである。それは果たして可能であろうか。ここに多くの危険が孕まれている。この危険こそ歴代の予言者により指摘、批判せられ、信仰上の危機として警告せられたものである。

イスラエル人は悪戦苦闘の末カナン人を征服した。ここには三世紀以上の多くの年月が費されている（ウェルシュ、ジャックらに従いイスラエルの出エジプトを紀元前一四四五年頃とする）。サウル、ダビデによってペリシテ人は撃退せられた。このようにして万軍の主ヤーウェは完全にパレスチナを支配することとなった。しかしこの支配はただ軍事的乃至政治的勝利に過ぎなかったのである。「ヤーウェがイスラエルの真の神として認められたという事は必ずしも遊牧イスラエル人の宗教の勝利ではなかった」（T・H・ロビンソン）。まったく異なる信仰の原理に立つ二つの宗教は、イスラエル人の農耕生活の内に不知不識に混淆せられつつあった。彼らは一年の農作を神に祈願すべく捧げ物を神前に献ずべきである。その方法はこれをカナン人の指導に仰がねばならぬ。年の終りに神の豊かな恵みを祝い、感謝の祭りを行なうにあたっても、その手続きをバアルの祭司に問いただされねばならなかった。過越の節、結茅の節、七週の節、これらの大祝祭さえもその起源はカナンの宗教に発する。彼らはこのように宗教の礼拝形式を通して次第次第にバアルの感化に近づきつつあった。その速度も恐らく極めて迅速であったのであろう。彼らは祖先の神ヤーウェを拝すべくバアルの儀式によらざるを得なかったのである。ついにヤーウェの名においてバアルを礼拝した。このようにヤーウェとバアルとは農民の信仰において一つとなり、二つのものに非ざるに至った（ヘルシャー）。これをイスラエル宗教の混淆（シンクレティズム）と言う。すなわち、イスラエル人はヤーウェの名をもってカナンの全土を占領したのではあるが、かえってカナンの文化によって克服せられつつ、あったのである。

その結果はイスラエル人の道徳生活の頽廃となって現われた。バアルの宗教は自然宗教である。無拘束な人間欲の満足が自然宗教の実践的な現われである。これはディオニソスの宗教であり、バッカスの文化であった。春になれば緑したたる樹蔭に肉欲の解放を求め、秋になれば豊醇なぶどうの香りに酔う祝祭がある。旧約の予言書に記されているイスラエルのむすめらの姦淫は、単に神ヤーウェに対する民イスラエルの無節操な宗教的態度を譬喩的に攻撃した言葉にとどまらない。事実、バアル的な信仰の行なわれるところに、文字通りの姦淫が行なわれたのである。ソロモンの後エロボアム一世はベテルとダンに金牛を安置し、これをヤーウェとして礼拝した（I列王紀一二・二八）。この金牛こそ宗教的混淆の最もよき象徴である。すなわちここにヤーウェのバアル化が適切に具体化せられている。何となれば牡牛は古来生殖力の象徴として礼拝せられて来た動物である。ヤーウェはエロボアムにより自然の生産力をつかさどる神として、牡牛の形によって礼拝されたのである。そしてその宗教的儀式がしばしば性的不潔を伴ったことは言うまでもない。金牛礼拝の宗教的矛盾を初めて攻撃した者は、実に予言者ホセアであった（ホセア八・五）。このようにイスラエルの宗教生活の危機は、やがて国民の道徳生活を脅かしつつあったのである。

4　アハブ時代の宗教および道徳問題

アハブの時代において、イスラエル国民の宗教生活の危機が予言者エリヤにより最も鮮かに問題として提示せられた。前述の如くアハブがシリヤに対抗し、またアッシリヤに備えるためにフェニキヤの王イトバールと結んだ事は、政治的には極めて賢明なる政策であった。この政治的連盟によってイスラエルは経済的な繁栄をさえもたらす事を得たのである。しかし古代の世界において二つの国家が政治的に結合することは、決して政治的問題に止まらず、やがてその影響は国家精神の生活にまで及ぶことを原則とした。「諸国民の連盟はその神々の連盟を導いた」（ピイク）。フェニキヤのバアル礼拝はこのようにして滔々としてイスラエルに流入した。そしてこれを最も有力に媒介した者は王アハブの妻イゼベルであった。男神メルカルトと女神アシュタルテのために神殿は建てられ、これに跪（ひざまず）く者は日々に多きを加えたことであろう。民衆は何時の世にも道徳的に低下した宗教を喜ぶ。人間性の解放を信条とする宗教は何処の国にも容易にその呼応者を発見し得る。古代のイスラエルにおいてもまたこの原則にもれなかった。しかもイスラエルの民は、ヤーウェとバアルとが全然異なった信仰の原理に立つ神であることを意識しなかったのである。彼らの信仰によればヤーウェは事実上バアルであった（ホセア二・一六参照。Ｉ歴代志一二・五にダビデの家臣にベアリヤという人名がある。その意は、「ヤーウェはバアルなり」と解せられる)。それ故今イゼベルによってフェニキヤのバアル礼拝がイスラエルに輸入せられても、国民にとってあまり問題にされなかったことであろう。否、むしろフェニキヤと結ぶことにより事実上イスラエルの物質的福祉は増進せられ、民衆はアハブの賢明なる政策に対し、これを心より謳歌したことと思われる。

しかるにバアルの宗教とヤーウェの信仰とは二にして決して一ならざる事を明確に意識し、これを最後まで主張して止まなかった者はエリヤである。王も民衆も、この「毛ごろもを着て、腰に皮の帯を締めて(II列王紀一・八)」いた野人の警告を正しく理解する事ができなかった。アハブもまた政策上フェニキヤの宗教の移入されるのを黙許したのであるが、彼自らはヤーウェの忠実な信奉者をもって自任していた。それは彼の子女の名称が皆ヤーウェなる神名と関係あることによってもうかがわれる(例えばアタリヤ=ヤーウェは支配者なり。アハジヤ=ヤーウェは強し。エホラム=ヤーウェは高し。ヨアシ=ヤーウェは与え給う)。彼はまたその宮廷に多くの予言者を養い、彼の出征にあたってその可否をこれらの予言者にはかっている(I列王紀二二・六)。

アハブは俊敏にして剛腹なる人物であった。しかし彼は結局政治家であり、信仰の真理性は彼の理解の遠く及ばぬところであった。それ故エリヤの反対は、いたずらに国民を迷わす流言としては煩わしく彼の耳に響いた。国家の治安をみだす不謹慎な予言者は、これを捕えてたちどころに処罰すべきである。アハブはエリヤに対し憤って言った、「イスラエルを悩ます者よ、あなたはここにいるのですか」（Ⅰ列王紀一八・一七）と。

アハブはこのようにあくまでも先祖の神ヤーウェに対して自ら忠順な僕であることを認めていたのであるが、人間の主我的欲求をそのまま許すバアルの礼拝は、彼の政治生活にとり、いっそう便宜な自己肯定の信仰であった。事実、彼はその異教の妻イゼベルの感化により次第に専制的な君主としてイスラエルの民を圧迫するに至っている。その一例は、Ⅰ列王紀二二章に記されているナボテのぶどう園の事件である。古代のイスラエルにおいては、王はヤーウェの政治的支配権を代表する意味においてのみ君主である、王が専制政治を思うままに行なうことは絶対に許されなかった。何となれば、イスラエルの唯一の支配者は王ではなくヤーウェであったからである。ダビデはその臣ウリヤの妻バテシバを姦策をもって奪ったために予言者ナタンの攻撃を受けている（Ⅱサムエル一一・一二）。我々はここに、ナタンがダビデの性的乱脈を戒めたのであると解するよりも、むしろ王者の無拘束な専横を憤ったのであると考える方が正しい（ウェルシュ）。ナボテの場合においてもこれと同様である。アハブはエズレルにおける荘園のためにナボテのぶどう園を併合することを望んだ。しかるにイスラエルにおいては父祖の産業である土地は、王といえどもこれを自由に没収することは許されなかったのである。ここにおいてナボテを無実の罪に陥れ、これを惨殺し、そのぶどう園を奪ったのはフェニキヤの王女イゼベルであった。我々は今異なった宗教による異なった観念の政治形態を見る。人格的道徳的な神観に立つイスラエルの宗教は、その君主に対し絶対無限の専制権を許し得なかった。何となればイスラエルは、事実神政政治の国家であったからである。ナボテの物語はその後もこの国に行なわれたと思われる社会的不正義の一例であり、後にアモスの時代、強者の弱者圧迫はいっそう露骨なる形をとり、ここに多くの社会問題が発生し展開せられている。

このように異教の信仰がイスラエルの社会生活の根柢を破壊しようとした時、エリヤは敢然と立たざるを得なかった。彼にとって社会的不正義は、結局イスラエルにおいて正しい信仰が行なわれていないというところより起こるのである。換言すればヤーウェに代わってバアルが支配するところ、そこに不道徳が行なわれる。エリヤにとってヤーウェとバアルとは最早妥協すべからざる対立者であり、両者は調和すべきものに非ずして互いに抗争する立場に立つ者である。異なる二つの神は、イスラエルの国民生活の内に到底両立し難い。エリヤは今その二つのうち一つを選ぶべきを無自覚な同胞に迫ろうとしている。彼はひたすらにその機会を待った。

5　エリヤの宗教改革運動

当時のイスラエルには、数年にわたる大旱魃（かんばつ）があり民は塗炭の苦しみをした。キッテルによれば、カルメル山はイスラエル及びフェニキヤ両国に共通の聖山であり、ヤーウェとバアルとの礼拝所がここにあった。旱魃に際しバアルの予言者らは雨乞の祈禱をなすべくカルメル山上に集まったのであるが、エリヤはこの機会を捉えて、バアルが神か、ヤーウェが神か、民の前に争おうとした。バアルの予言者達は、身を傷つけ血を流し、野蛮な一種の予言者的恍惚境に入り、大声をあげてバアルに雨を乞うたがついにきかれなかった。しかるにエリヤが崩れたヤーウェの祭壇を再び築き、燔祭（はんさい）（解題者註：全焼の供儀。犠牲獣の全部を祭壇の上で焼いて捧げる捧げ物で、その肉は食することなく焼き尽くされる。牧畜的起源を持ち、最も重要な捧げ物で、神との正常な関係、また全き献身を象徴する。＊五八頁註も参照。／教文館『キリスト教大辞典　改訂新版』など参照）を捧げ、静かに神に祈った時、雨は沛然（はいぜん）として天から降ってきたと聖書記者は伝えている。

多くの旧約学者の研究の如く予言者、すなわち「ナービー」の起源は、カナン的なるものかも知れない。サムエルが訓練した予言者、予言者の一団は、後世の回教の托鉢僧団の如く音楽を奏し舞踊しつつ諸国をめぐって歩いた。しかしその後ヤーウェの予言者とバアルの予言者とは次第にその袂をわかつに至っている。その原因は彼らの抱く神観の相違に基づくものと思われる。バアルの使徒らは神がかりの恍惚状態において、その神に民の願望の成就せられることを強要するほかにはその任務を果たす方法を知らなかった。勿論ヤーウェの予言者にもこのような神秘経験が許されている。例えば、予言者イザヤの召命経験の如きはその著しきものであろう（イザヤ六章。本書「イザヤの贖罪経験」参照）。しかしイスラエルの予言者の神秘経験は、人格的となり、倫理化せられて行った。すなわち、ヤーウェの神が聖にして義なるが如く、彼らもまた人格的、倫理的な神の器として聖化せられたのである。彼らは最早、機械的に宗教的恍惚経験を繰り返すカナン的「ナービー」の範囲を脱するに至った。我々は両者の区別をカルメル山上におけるバアルの予言者と、エリヤの態度において明瞭に察知することが出来ようと思う。エリヤは熱狂的なバアルの予言者の祈願を冷かに罵倒して言う、「彼（バアル）は神だから、大声をあげて呼びなさい。彼は考えにふけっているのか、よそへ行ったのか、旅に出たのか、または眠っていて起されなければならないのか」（I列王紀一八・二七）と。

さらに我々は今エリヤの神観について少しく考えて見たい。上述の如くエリヤのカルメル山上における任務は、イスラエルの民をしてヤーウェか、バアルか、そのいずれかを選ばしめることであった。しかしエリヤが民に選ばせようとしたヤーウェは決して新しい神ではなかった。彼はアブラハム、イサク、ヤコブの神ヤーウェの名によって雨を祈っている（I列王紀一八・三六）。彼の信じた神は、イスラエルの祖先に自己を啓示した歴史の神であり、バアル化のためにその真のすがたを民の心から失ったイスラエルの神ヤーウェであった。エリヤの使命はヤーウェの純粋性、すなわちその超越的人格性を、再びイスラエルの内にとり戻そうとする努力である。彼はカルメル山におけるバアルの予言者との戦いを終え、唯一人、神の山ホレブに退いている。何故か。ホレブすなわちシナイはヤーウェがかつてその姿をモーセに現わした聖山である。エリヤがシナイに行ったのは、彼もまた昔モーセに現われたヤーウェを親しく拝するためであった（I列王紀一九・八）。このようにエリヤの宗教運動はモーセの信仰への復帰であり、昔ながらのイスラエルの神ヤーウェを回復することであった。ルター、カルヴィンが原始キリスト教会の信仰に帰り、主イエスが旧約予言者の宗教に帰り給うたように、エリヤもまた実にモーセに帰った。奴隷の家・エジプトの地からイスラエルを贖（あがな）い出したヤーウェの神にまで、迷える民を携え帰ろうとした努力こそ彼の改革運動である。「もしモーセがイスラエルの宗教を建設したとするならば、この偉大なる先駆者の理想に民を力強く呼び返した最初の人は、実にエリヤであることを我々は感ずる」（T・H・ロビンソン）。カナンの文化によって割引きせられ妥協せしめられたイスラエルの神は、エリヤにとってもはやヤーウェの名に価（あたい）せざるものであった。彼の求めたものは砂漠に住む非文化的の神である。

またエリヤの神はナボテの物語に現われているように、不義を憎む倫理的な神であり、王といえどもその気ままな欲望を満足させることを激しく怒る正義の神である。モーセの十戒に示されているような道徳的、人格的な神こそヤーウェであった。カナンの扇情的な祭によって甚だしく不潔にせられたイスラエルの農民の宗教は、エリヤにとって唾棄すべきものである。彼の神は人間性の解放者に非ずして人間性を裁き、これを鍛える竣厳な人格であった。

エリヤはシナイの山において、雷と、地震と、暴風雨との内に自己を啓示するヤーウェの神を礼拝せんとした。しかるにヤーウェは、風の内にも地震の内にもまた火の中にも在さず、火の後に細き声をもってエリヤに呼びかけたと聖書は記している（I列王紀一九・一二）。ウェルシュはこの一句を解釈し、エリヤの神ヤーウェは超自然の神であったからであると説明しているが、その解釈は正しい。バアル信仰は自然のうちに神を発見しようとする内在の宗教である。一木一草の内にも神は内在する。かかる自然宗教が思想的に合理化せられたものが汎神論ではあるまいか。しかるにヤーウェ信仰はあくまでも自然から超越するところの神観を持つ。自然の現象を通して、ヤーウェはその栄光をイスラエルに示すことはあろう。しかし自然そのものは決して神ではない。もちろんエリヤの神観は創世記第一章に見るような完成した唯一神観ではない。しかしシナイにおいてモーセに自己を啓示した神が、自然のうちにあらずしてこれを超越し、これを支配する人格神であることを、エリヤは同じ神の山において深く学ばしめられた。ここにも彼の神観とバアル信仰のそれとが著しく相違していることを我々は発見する。自然の中に或いは人間性のうちに神性を求めんとする内在宗教は、エリヤの宗教より遠きことを我々は知るのである。

最後に、彼はイスラエルの宗教史において後世の唯一神教の基礎を築いた予言者である。もちろん、モーセの宗教にすでに我々はその萌芽を見るのではあるが（出エジプト記二〇・三）、エリヤの出現によって、イスラエルの神はバアルに非ずしてヤーウェなることが決定的とせられた。固より彼の神観は、第二イザヤにおけるが如き完全な形をとっていない。宗教学者のいわゆる拝一神教とも称すべきものであろう。すなわち、他国にはその国の神が支配することを認めても、自国においては自国の神以外の何者もこれを支配するを許さざる信仰である。モアブにはケモシュあり、アンモンにはモロクありとも、イスラエルはただヤーウェにのみ仕えるべき事を主張する信仰である。ヤーウェはイスラエルにとって、いっさいか無かであり、その中間は許されない。イスラエル人がヤーウェに仕え、同時にバアルを拝する事は到底考え得られぬところである。後世における旧約聖書の唯一神教は実にこのような具体的な宗教経験の上に立っていた。イスラエルの神ヤーウェが万国の神となるためには先ず完全にイスラエルを支配せねばならなかった。イスラエルはヤーウェかバアルかその一つを自分らの神として選ばねばならぬ。それ故エリヤは民に向かって叫ぶ。「あなたがたはいつまで二つのものの間に迷っているのですか。主が神ならばそれに従いなさい。しかしバアルが神ならば、それに従いなさい」（I列王紀一八・二一）と。

しかるにカルメルの山上の争いにおいて勝った者は、バアルではなくヤーウェであった。イスラエルの民は、今や目ざめて地に伏し、「主が神である、主が神である」と声高く叫んでいる（I列王紀一八・三九）。神とは「エール」であり、力である。イスラエルを動かす力はバアルではなくヤーウェであることを民はついに覚（さと）った。イスラエルをエジプトから導き「蜜と乳との流れるカナン」をこれに与え、国と王とまた宗教とを賜うた神は、実にアブラハム、イサク、ヤコブの神なるヤーウェであることが明らかにせられた。イスラエルに穀物を与え、ぶどうを与え、いっさいの物を与えるのは、バアルではなくヤーウェである。ヤーウェはただに遊牧者の神であるに止まらず、実に農民の神でもある。ヤーウェこそイスラエルにとって一切のいっさいであるべきである。この思想は、後にホセアにおいて最も著しい発展をとげている(ホセア二・八)。今日、我らの信ずるイエス・キリストの父なる神の支配するところは、決してわれわれの精神生活のみではない。神の支配は人間の全生活に及ぶ。社会も国家も皆その統治のうちにあることを信ずべきである。エリヤはイスラエルの民を促し、いっさいがヤーウェの摂理のうちにあることを深く思わしめる。

6　結　語

要するにエリヤの神はイスラエルの歴史に自己を啓示した父祖の神であり、正義を愛し不義を憎む倫理的神であり、またイスラエルに対し絶対の忠順を要求する「嫉(ねた)みの神」であった。ロバートソン・スミスが鋭く指摘しているように、ヤーウェ宗教とバアル宗教との根本的相違は、その宗教を現わす形式、例えば祭儀その他にあるのではなくて神そのものにある。生ける人格として働きかけるヤーウェこそ、イスラエルの神であり、自然からも人生からも超越し、これと妥協せざる人格こそヤーウェにほかならない。スミスは異教の神には人格がないと断言している。すなわち言う、「元来異教の神々には人格性はない、またその礼拝者に対し人格的関係を持たない」と。人格宗教がヤーウェ信仰であり、自然宗教がバアル信仰である。超越的信仰が前者であり、内在的信仰が後者である。人間性の堕落を裁き、これを回復する力ある宗教は、ただ超越的人格の宗教にのみ存する。ヤーウェは常にイスラエルの民衆よりもより高い位置にあってこれを鋭く批判した。その故に、この神はイスラエルの歴史の危機において予言者を起こし、これを警告せしめた。そのことなしにはイスラエルの宗教もまたカナンの諸宗教の如く単なる儀式宗教に堕落してしまったであろう。しかしヤーウェは儀式をもって満足すべくあまりに聖くかつ正しき生ける人格であった。ヤーウェはその聖とその義とをイスラエルのうちに確立せんがためには予言者を立たしめ、国の表面的な平和を乱すことさえいとわなかった。ヤーウェの意志を実現せざる国は人の目に如何に栄えても神の目には無用の長物である。我々キリスト者の生活もまた然りでなければならぬ。

旧約予言者の宗教の如くキリスト教もまた人格の宗教である。ブルンナーの主張する如く、信仰とは要するに承認或いは応答の行為すなわち、意志の決断である。この決断によってのみ我々は神の実在を了解する事が出来る。信仰は合理性の検討に非ず、文化価値の比較にも非ず、まして利害の打算ではない。生けるキリストを我々が生活のすべてのすべてとするか否か決断の問題である。我が生活を支配するキリストが、全人類全世界を統治し給う神なることを確信するか、否かが、信仰の問題である。内在の宗教はかかる信仰に立脚していない。内在の宗教は意志の決断を求めない。何となればこの宗教は、神を人間の最も深き自我と同一視するからである。かかる宗教には我はある、しかし神はない。運命はある、しかし摂理はない。

しかしながら我々が、この世か彼の世か、神か我か、文化か人格か、この二原理の間にさまよう時、神の言葉はそのいずれかを採るべきを決断なさしめる。故に信仰とは魂の敢てする冒険である。しかしこの冒険は実に神の力に促されて企てる冒険である。神の言葉が我々個人の生活のうちにその姿をとって現われる時、キリストは世界の主なりと仰ぎ見ざるを得ない。キリスト教の信仰はまことに人より神への運動に非ずして、神より人への運動である。これが聖書のいう啓示の意義である。

イスラエルの宗教史において、ヤーウェはその歴史を通して自己の人格を選民に示した。特に予言者を通してイスラエルに行なおうとするその意志を明らかにしている。王も民もこれを拒むと否とにかかわらず、ヤーウェは予言者を立たしめている。彼はその鋭き宗教的洞察力をもって国民生活の危機を看破し、生を賭してその警告者となった。彼らは実に平地に波瀾を捲き起こす煩わしい者たちであり、平和を来たらせず、かえって剣を投ずる攪乱者であった。しかし彼らはイスラエルの良心であり、その故に安易に妥協することを許されない。我々もまた切に良心的でありたく思う。良心に囁く神の警告に鋭敏でありたい。「我々の心が鋭い神学の利剣を携える時、もはや妥協を持たない。我々の叫びはシナイであり、律法である」（デヴィドソン）。ヤーウェかバアルかの選択は永遠に古くしてまた永遠に新しい。

エリヤはモーセに現われたイスラエルの神を求めて神の山ホレブに赴き、歴史の中に自己を啓示する神を拝せんとした。しかしエリヤは決して単なる反動思想家、もしくは文化否定者ではなかった。単純なる文化否定では問題の根本的解決は得られない。熟しただれたカナンの文化を浄めるためにはエリヤは今一度ホレブにおいて砂漠の神に直接する事を必要とした。そして彼はバアルに膝を屈せず、これに接吻せざる七千人を与えられている（I列王紀一九・一八）。新しきイスラエルはこの七千人から始めらるるべきであった。我々もまたエリヤの如く神の国を求めるために今一度ホレブに帰る必要はないであろうか。我々が現代の文化を活かす事はこれと安易に妥協することではない。これを十字架の血によって聖化することである。アハブはまず文化を求めた。しかるにエリヤはまず信仰を求めた。彼は人間性の満足を求め、これは神の義を求めている。我々がまずそのいずれかを求めることによって生活の原理が決定せられる。

エリヤの物語は決して三千年前の昔語りではない。経済的に思想的に多難な現代の我々に対し多くの問題を提示し、これが解決を原理的に暗示してくれる。十字架の福音は文化を裁き、救い、浄める力である。しかしそれは文化の結晶ではなく、まして文化との妥協ではない。まず神の国とその義を求めることこそ、我々の根本的生活態度でなければならぬ。

アモスの宗教

1 彼の人物

アモスは氏無き一介の田舎人である。ホセアがベン・ベエリでありイザヤがベン・アモツであり、エレミヤがベン・ヒルキヤであるのに対し、アモスにはなんら誇るべき父の名前さえも無い。彼が自ら誇って言うように彼は牧者にして桑の木を作る者に過ぎなかった（七・一四）。彼が都会人でなかった事はアモス書に用いられた用語や文章によって直ちに察し得られるところである。彼は麦束を満載した荷車を語り（二・一三）、獅子に襲われた羊の両足および片耳を拾って残念がる牧羊者を描き（三・一二）、最後の審判の恐ろしさを立ち枯れと腐り穂といなごなどの災害に譬（たと）えている（四・九）。

彼の故郷が果たしてテコアに在ったかどうかは旧約学者の意見が未だ定っていない。或る者はこの予言の表題が、「テコアの牧者のひとりであるアモスの言葉」とあるにもかかわらず、彼がテコアの住人なる事を疑っている（ウェルシュ、シュミット）。今、彼らの理由とするところの二、三を聞こう。前述の如くアモスは牧羊者であるとともに、桑の木を作る農夫であった。しかるに桑の実の成長にはこのテコアの地方は不適当なのである。何となればテコアはユダの都エルサレムより約二〇キロ、イエスの誕生地と称せられるベツレヘムより約一〇キロの南方に位置する死海に近い一寒村で、このあたりは海抜約八〇〇メートルの高地であり、わずかに牧羊者の天幕生活を見るに過ぎない。桑の実は元来地中海沿岸の沃野か、ユダの低地に産するものであり、貧民の食料に供せられるあまり美味ならざる果実なのである。そこでウェルシュはアモスの故郷を北イスラエルの領内に在る地中海沿岸に求めようとする。彼によればアモスは元来北イスラエルの住民であった。何となれば、彼の予言は南北両王国全体に向かって発せられたとはいえ、彼の関心のより多くが北イスラエルに在った事は、彼自ら北王国の神殿ベテルに赴いて予言をしているのを見ても明らかである（七・一〇）。しかしアモスはその故郷シェフェーラー（ペリシテに近い平野）の地に桑の木を作ると共に、その家畜を導いてユダの高地テコアの辺にまで牧草を追うた。一章一節にある「テコアの牧者のひとりである」という一句は、牧羊者としての彼の職業を現わすものではなく、彼がたまたまテコアの牧者の中にその羊とともにいた事を意味するものと解するのである。

それはとにかくとして、アモスが一年のうち或る期間をテコアの地に過ごしたことは明らかである。彼はここに、獲物を得た獅子の咆吼をしばしば聞き、わなに羽ばたく野鳥を目撃した（三・四）。またここは旅人が相約することなくしては共に歩くことなきさびしい荒野である（三・三）。アモスがイスラエルの腐敗した都会文化に対し燃えるような憎悪をもってこれを糾弾したことは、実にこの荒野において彼が営んだ牧者の感情と見ることが出来る。複雑な都会文化はなんら彼の興味を引くところがなかった。かえって文化の複雑性の中に社会の害悪の源泉を発見したのである。砂漠の雄大厳粛な風光によって尖鋭化せられた彼の批評眼は、薄衣をもって掩（おお）われたサマリヤの女のただれた肉体を透視することが出来た。ミデアンの野にヤーウェの神に接したモーセ、ホレブの山に神の細き声を聞こうとしたエリヤ、ユダの荒野に世の罪を絶叫したヨハネ、サタンの誘惑を撃退したイエス、悔悛後アラビヤの野に退いて静思したパウロ、我々は偉大なる宗教家と荒野との神秘的な関係を興味深く感ずる。ここにはただ神と我との対立あるのみであって、静寂にして真剣な祈りを妨ぐべき何物もない。アモスもまた、テコアの高地においてエルサレムから雷鳴の如く轟き来たるヤーウェの声を聞いた（一・二）。そして彼はイスラエルの罪を問うべく、その飼う羊群を離れてベテルに赴いたのである。

　アモスはベテルの祭司アマジヤに対し自ら「予言者でもなく、また予言者の子でもない」と声明している（七・一四）。換言すれば、自分は職業的予言者ではないというのである。「予言者の子」とは予言者の組合（ギルド）を指すことは丁度当時大工が一つの組合を作っていたように、予言者も統制のある或る種の団体に属しておったのである。そしてこれを「子」（ベーン）という文語をもって表わしていた（ドライヴァー）。予言者の組合の起源は明らかでないが、思うにサムエルの如きはその創始者の一人ではなかったろうか。彼らは鼓を打ち琴を鳴らし笛を吹きつつ舞い、人為的に一種の恍惚境にはいり、予言しつつ諸所をさまよい歩いたもののようである（Ｉサムエル一〇・五）。元来この種の団体はカナン宗教の遺物であり、これがイスラエルの宗教に移入せられ、のちエリヤなどの努力によってその使命が純粋にせられ、さらにエリシャにいたって政治的にも侮るべからざる有力な団体となったと言われている。しかしこの団体が世人に蔑視せられた事もまた事実である。サウルがこの一団の予言者に加わって予言した時、彼の出生を知る者は、「キシの子に何事が起ったのか。サウルもまた予言者たちのうちにいるのか」（Ｉサムエル一〇・一一）と冷笑し、エリシャの弟子である予言者の一人が、エヒウが王者となるために油を注ぎ、あわてふためいて馳せ帰った時、エヒウの同僚であった一将軍は問うて、「変わったことはありませんか。あの狂った男は何のためにあなたのところにきたのですか」（Ⅱ列王紀九・一一）と罵倒し、アモスと対論したアマジヤもまた、「先見者よ、行ってユダの地にのがれ、かの地でパンを食べ、かの地で予言せよ」（アモス七・一二）と皮肉な勧告をしている。事実職業的予言者のうち或る者は世人のつまはじきと軽蔑に値するほど宗教的にまた道徳的に堕落しておったものの如くである。何となれば彼らが予言するのはただ衣食のためであった。予言者ミカは言う、「わが民を惑わす予言者について主はこう言われる、彼らは食べ物のある時には、『平安』を叫ぶけれども、その口に何も与えない者にむかっては、宣戦を布告する」と（ミカ三・五）。しかるにアモスが予言者として立ったのは、もちろん、衣食、名誉または野心のためではない。彼の内的経験の必然性に動かされた行為である。イザヤを始め総じて予言者の召命意識は極めて鮮明であって、彼らの事業が他者なる人格ヤーウェに強いられた重荷であるところに絶大の力が存する。マルティの言の如く、「予言者の行動なるものは、神の力が彼の心霊に触れて発する反射運動である事がわかる」のである。夜陰に獅子吼ゆる時、恐怖せざる者なきが如く、ヤーウェの物言う時、予言せざるを得ない内的必然を予言者は感じた（三・八）。この事はまた神の彼らに対する啓示が直接的である事を物語る。予言者としての使命が与えられるのはまったくヤーウェの自由意思であり、この意思は何らの拘束を受けぬ絶対的のものである。ここにアモスの予言の確信があった。神はその僕である予言者に伝えずしては何事をもなし給わぬ（三・七）。パウロがキリストの僕たる事を誇ったように、アモスもまたヤーウェの自由意思によって選ばれた奴隷である事を誇りとした。イザヤ、エレミヤ、エゼキエルらが直接間接宗教階級の家の人となったのに反し、一人アモスは何らこのような社会的背景なくして予言者とせられたのは意義深いことである。

彼の正廉無比、剛毅不屈の性格については、その神観及び社会観を通して間接に窺い知る機会が与えられるであろう。ただ牧者にして農夫なるアモスが、決して無知文盲の単純なる田舎びとでなかった事は注目に値する。彼の神観にも現われている如く、その望む視野はイスラエル、ユダに限られていなかった。彼はダマスコ、エドム、アンモン、フェニキヤ、ペリシテ等諸国の運命を語る（一・三―二・三）。エジプトの地（九・五）、エティオピア人（九・七）にも言及し、ダマスコの彼方の地域も彼の眼界の中にあった（五・二七）。或る者はこれをもって彼がその羊を売らんがため家畜の群れを率いてエルサレム、ベールシェバ、ベテル、ギルガル、サマリア等の都市を歴訪する間に、ここに集まる諸方の国人から世界のニュースを与えられたためであるとする。当時神殿や聖所の存在する町においては、祝祭の日は同時に市場の開かれる日であった（ドゥーム、ジョージ・アダム・スミス）。また或る者（ウェルシュ）はアモスの故郷がシェフェーラーであったためこの地方を走り南北両大国すなわちアッシリヤ、エジプトを連ねる通商路に往来した異邦の商人、或いは軍隊から天下の情勢を教えられた故であるとも説明する。その上アモスは、自国の歴史についてもかなり通じておったように思われる。彼はギレアデにおけるダマスコ軍の残虐を怒り（一・三）、ペリシテ、フェニキヤ人の狡猾と貪欲を呪い（一・六―一〇）、モアブ、エドム、アンモン人の野獣的蛮行を罵る（一・一一―二・三）。イスラエルはヤーウェの導きによりエジプトの地を脱し、四十年の間荒野をさまよい、ついにヤーウェはアモリ人を撃ってイスラエルをカナンの地に住まわしめたこともよく承知している（二・九―一〇）。イスラエルがエジプトから導き出されたようにペリシテ人はカフトルから、シリヤ人はキルから誕生したことも（九・七）また彼の歴史的知識のうちにあった。アモスがこのように自国の歴史ならびに世界の形勢について予言するところを見れば、聴衆にもこれをきいて了解する予備的知識があったものと想像するに難くない。故に或る者は当時イスラエルの歴史はただ口頭によって民衆に伝えられたのみならず、その一部がすでに記録として存在したことを推測する(カークパトリック)。

特に彼の簡潔雄健な予言文体は古今独歩だと言われている。ロバートソン・スミスは言う、「テコアの不毛の山地にその羊群を追う一牧羊者の賤しい風貌は、ジェローム以来多くの注解者をしてアモスを一介の田舎びとと解し、この書の文字のうちにその粗野無学を発見しようとさせた。しかし公平な判断によれば、アモスの予言は純粋なヘブル文体の最上の模範と思われる。その文字、直喩、措辞もまた感嘆すべきものがある。語法の簡単なのは無学の証拠ではなく、かえって文字を完全に駆使する能力の証拠である。その文字は抽象的な観念を現わすには不適当であるが、感情の激越する弁舌のためには無比の用具となる。遊牧民の単純にして貧しい生活をもって低級なる教養を連想する事は、東洋の社会状態を全然誤解させる所以である」と。しからば何故田舎びとなるアモスがこのように偉大なる文章家であり得たろうか。これをスミスはなお説明して言う。古往のイスラエルにおいても、またその後のアラビヤにおいても、学問は有産階級の閑事業として玩弄されてはいなかった。なるほど彼らは数多の書籍は読破しなかったであろう。しかし彼らはその鋭い判断力をもって見たところ聞いたところを雄弁に物語り、また口頭をもって語るように、それを文章として綴った。彼らの文章に独特の力があるのは実に語るがままに書かれたところにある。アモスにおいてもこのことが言える。抑揚に富み、沸騰した感情を表わす、この詩文はかえって読書の人エゼキエルの散文よりは我々に訴えるところ遥かに大と。

2　彼の時代

アモスが予言者としてその召命を与えられたのはユダの王ウジヤ、イスラエルの王エロボアム（もしくはヤラベアム）の治世、地震の二年前ということになっている（一・一）。この地震はゼカリヤ書（一四・五）にも記されているのを見れば、世人の記憶に長く残った大地震のように思われる。しかしその詳細の年代が何時であるかは全然わからない。アモスの予言者としての活動期はだいたいエロボアム二世の治世の後半期である事は、彼の予言のうちに反響する時代の形勢によって推測し得られる。ただこの王の治世が正確に何時であったかについて学者の意見の区々（まちまち）たるを我らは見る。したがってアモスの活動期も、これにより多少の移動を見るわけになるが、ほぼ紀元前第八世紀の半ば頃と見ることが出来よう。エロボアムは北イスラエル中興の祖と考え得られるほど、その統治の下においてこの国の国力は伸展した。国土の広さは北はハマテの入口より南はアラバの海まで拡がった、と聖書の史家は伝えている（Ⅱ列王紀一四・二五）。この言葉に多少の誇張があるにせよ国運の隆盛は、ダビデの昔を偲ばしめるものがあったと言う。その主なる原因はダマスコの衰微に乗じて、かつてエホアハズ王の時代にシリヤによって奪われたイスラエルの都市が、その子ヨアシュによって奪還せられ（Ⅱ列王紀一三・二五）、さらに彼の子エロボアムに至り、ヨルダンの東モアブの地を平定して、ついに前記の如き宏大な範囲を領有する事が出来た。しかし我々はエロボアム王の個人的な戦略上の手腕、またイスラエル自身の国力がこのような隆盛を招来したと考えてはならぬ。ヨアシュ、エロボアム両王の政治的成功は、実に当時アッシリヤの大軍が西部に向かって進出し、イスラエルの不倶戴天の敵国たるダマスコはこれが防戦に多事であって、到底南方イスラエルおよびユダを顧慮する余裕がなかったためである。現にシャルマネゼル二世はシリヤに向かって攻撃を開始し、ランマンニラリ（解題者註：現在では研究が進み、アダド＝ニラリ、もしくはハダドニラリの表記が一般的となっている）三世(811-783B.C.）によってダマスコは蹂躙せられている。

前章に述べたように、パレスチナは北のアッシリヤ、南のエジプトを連絡するいわゆる陸橋である。ナイルの河口より出発してシェフェーラーの平野を北上し、エズレルの谷を通過してダマスコにぬける通商路にはフェニキヤ、ペリシテの商人が北に南に上下したことであろう。国力回復の途にあったイスラエルは、恐らく諸処に関所を設ける事により関税その他通商上の莫大な利益を独占した事と思われる。かくして諸国の財宝はサマリヤに流入した。四十年の長きにわたるエロボアムの治世は一方に国土を拡張し国富を集積すると共に、他方エヒウによって建てられた脆弱な王朝の基礎を、ここに初めて強固ならしむるを得たことであろう（アモス時代の北イスラエルの隆盛についてはこれを疑う学者もある。例えばウェルシュの如きはそれである）。しかるに国力の急激な膨張によってもたらされた物質的繁栄は、不自然な文化の発展を伴った。外的生活の絢爛（けんらん）は内的生活の萎靡（いび）を招いたのである。ウエルハウゼンは言う、「この時代はまばゆいばかりであったが幸福ではなかった。民の間には不安な物すごい気分が支配していた」と。その社会的現象として現われたところは富者が貧者を搾取する事であり、強者が弱者を圧迫する事であった。これがために司法の権能を濫用するに何らの躊躇を要しない。富者強者はその私利私欲のためには正当な法的権利ある者を蹂躙し、金のためにその友を売り、貧者をば靴一足の値で奴隷として売買する（二・六）。或いはまた乏しき者を踏みつけて麦の贈物（おくりもの）を強要し（五・一一）、正しき者を虐げて賄賂をとり、力なき者をおしまげる（五・一二）このように腐敗した法廷においては最早公正の弁論、正当な権利の主張は忌避せられ顧らるべくもなかった（五・一〇）。

以上の如く、弱者貧者は貧しくして力なきがために故なく社会的圧迫と蹂躙とを受ける。一方において強者富者はサマリヤにおいて強暴を座に近づけ、象牙の床に臥し、寝室に身を横たえてみだらな豪遊にふける（六・四）。宴楽の騒音は実に耳を聾するばかりであった（六・五）。アモスがバシャンの牝牛と罵倒したサマリヤの女もまた、男を唆（そその）かして酔酒好色にあくことを知らない（四・一）。

社会的正義の頽廃は同時に宗教的堕落を伴う、否、むしろ宗教意識の弛緩が社会道徳の腐敗を招いた事であろう。宗教がその中心的生命を失う時、形式化する事は蓋しやむを得ぬことである。内部から湧き上がる精神的生命の源泉が涸渇する時に、宗教はその形骸をわずかに煩瑣な祭儀によって維持しようと、空しく努力せざるを得ない。ギルガルの聖所には朝毎に犠牲が捧げられ三日毎に什一（解題者註：収穫物などの生産物の十分の一を捧げること。申命記一四章などにその規定が見られる。／教文館『旧約・新約聖書大事典』など参照）が携え行かれた（四・四）。しかし商人はただ利を貪ぼるに汲々として、その穀物を売らんがため月朔安息日の速かに過ぎ行くことを求め、エパを小さくしシケルを大きくし、偽の衡量をもって人を欺き、良心に恥じるところがなかった（八・五、六）。宗教は儀式であり何ら良心の関係するところではなくなったのである。ヤーウェがその聖き名を置いたところに彼らは行って質に取った衣服を壇の傍に敷き、その上に横たわり罰金によって得た酒を飲み、神の家で無恥なる享楽を事とした（二・八）。バアル宗教はエリヤの峻烈な宗教改革によって原理的にその本質的な勢力をイスラエルのうちに失ったはずである。しかしバアル宗教が移入した礼拝の形式は、依然としてイスラエルの地に止まった。カルメルの山上においてエリヤが、バアルかヤーウェか、その拝すべき神の選択を民に迫ってからこのかた（I列王紀一八・二一）イスラエル人は、ヤーウェの名において彼らの神に礼拝を捧げた。しかしバアル宗教祭儀を彼らは駆逐することが出来なかった故に、民の信仰はこの祭儀を通じて事実上再びバアルの信仰に復帰したように思われる。ホセア以後歴代の予言者の攻撃点が偶像礼拝にあった事は、偶像の中に潜むバアル的信仰の撲滅を目的としたからであろう。しかし彼らの懸命な努力にもかかわらず、エレミヤの時代においてなおバアル宗教の祭儀は後をたたず、否、益々盛んであった。この故にこそ、紀元前六二二年、ヨシヤ王の宗教改革は断行せられたのである。アモスの時代においても父子共に神殿にある一人の巫女（ケデーシャー）を買って聖名を汚す冒瀆破倫の徒はめずらしくはなかった。巫女はすなわち聖女（ケデーシャー）であり、元来バアル或いはアシュタルテの礼拝に固有の付属物として聖所の境内に住んで、礼拝者にその肉体を提供したものの如くである。

3　神観

予言者の最大の関心事が神であることはここに記すまでもない。天地は過ぎ行くとも神の言葉は失せぬ。彼らの思想のいっさいの出発点が神であり、その帰結もまた神であった。我々は予言者の思想において、かつて神の存在につき疑惑の声を聞かない。神ありて人間があり、また世界がある。何となれば神は万物の創造者であり、かつ支配者であることは、彼らの動かすべからざる確信であったからである。そしてアモスの神は正義であった。彼は端的にかく断言する、

「あなたがたはわたし（ヤーウェ）を求めよ、そして生きよ」（五・四）。
「善を求めよ、悪を求めるな。そうすればあなたがたは生きることができる」（五・一四）。

民イスラエルが生きる意義は、神ヤーウェを求めることにあり、そして神を求めることは善をとり悪を捨てることであった。故にアモスにとっては神と不義とは両立し難いことであり、信仰と虚偽とは矛盾する観念である。ウェルハウゼンはいみじくも言う。「ヤーウェの求めるものは正義である。ただ正義のほかにない。神の憎むものは不義であり、神を侮蔑する罪悪は全然道徳的性質の者である。この一事がかくまで異常な力強さをもって主張された事を未だ聞かない。すべて人間的なものの存在するのはただ道徳を通じてであり、道徳は世界における唯一の本質的なものである。それは前提に非ず、観念に非ず、実に必然であり事実である。最も活々とした人格的な力すなわち万軍の神ヤーウェがこれである」。アモスはこの道徳的な力を表わすのに正義（ツェダーカー）と公道（ミシュパート）という文字を用いている（五・二四）。そしてこの文字の宗教的内容はホセアにおける愛（ヘセド）に相当するものであろう。思うにアモスにおける正義、ホセアにおける愛、イザヤにおける聖という観念は単なる道徳的関係、すなわち人と人との関係を表わすに止まらず、神と人との宗教的関係をも意味するものではなかろうか。ヤーウェとイスラエルの理想的な本来の関係が、ホセアにおいては愛、イザヤにおいては聖であったように、アモスにおいては正義であるべきであった。故に正義は諸徳の根本的な力、人間が倫理的に強く生きることを可能にする促進力として考えられた。すなわち我々の言う信仰である。しかし我々はドゥームのようにアモスの神をそのまま道徳的実在として考えるべきではないと思う。むしろヤーウェという神はアモスの内的経験において道徳的絶対の力として働きかけたと解すべきであろう（マルティ）。神の本質が何であるか、これは予言者の思索の対象となり得ざる神秘である。イザヤの告白のように「汚れたくちびるの民の中に住む者」が、万軍のヤーウェを見ることは実に死と滅びとを意味したのである。彼らにとって唯一の肝要事はヤーウェのイスラエルに対する働きかけである。我々はこの点についてイスラエルの宗教がどこまでも現実の宗教であったことを忘れてはならない。我々が旧約の思想において、死後の復活に関する教義が如何に貧弱であるかを知れば、この特色は一見明瞭であると思う。ロバートソン・スミスは言う、「ヘブル人の宗教が見えざる宇宙の哲学によっていないことは明らかである。宗教の領域は現世であり、その真理は日々の経験の真理である。彼らの信仰によれば、ヤーウェは人の如く生ける人格的な能働者である。ヤーウェの働きは抽象的な思索を招くにはあまりに現実的である。いっさいの興味はヤーウェの本質が何であるかではない。その民の真中において神が何をなすかということ、この行為が啓示する神の人格的な性質と性格とであると。人格的な力としての神は世界の創始において万物を造った。そして今はこれをその手のうちに治める。わけても彼はイスラエルの歴史を指導する神である。この同じ神がアモスの個人的な宗教経験のうちに正義として働きかけるのである。

予言者の神観は倫理的一神教という名をもってよばれている。その萌芽はイスラエル民族とその宗教の創始者モーセにも窺われ、エリヤにもしのばれる。しかしこの主張を最も明らかにした者はアモスであり、ヘブル宗教における唯一神観の確立は、実にアモスの努力であると言ってもよい。アモスの神が天地創造の唯一神であったか、どうかについて研究者の議論は未だ一致を見ない。例えばブッデの如きは、「このような唯一神観は他の諸神の存在を排斥する唯一神の信仰ではなくて、ヤーウェの無条件な優越性を認め、事実、神の全能を信ずるまでにその絶対性を認める信仰である」と言う。しかしこの言葉は不徹底である。このような不徹底な説明を持ち出すことにより、彼は四章一三節以下、五章八節以下、九章六節等を天地創造の神に対する後世の頌栄（ドクソロジー）としてアモスの予言から削除せんと試みる。しかし我々はこれらの章句がアモスの予言として真正ならざる十分な理由を発見するに苦しむ者である。

アモスはヤーウェの普遍性および超越性を現わさんがため、好んで万軍のヤーウェ（ヤーウェ・ツェバーオース）という語を用いている（四・一三、五・二七、六・一四）。この語が旧約において果たして何を意味するかは議論の余地があろう。しかしアモス書において万軍のヤーウェという名称が、自然と歴史に対する神の全能と全知とを意味することは、ブッデが削除しようとする章句に照らしても明らかである。アモスによればヤーウェは「山を造り……あけぼのを変えて暗やみとなし、地の高い所を踏まれる」者であり（四・一三）、「高殿を天に築き、大空の基を地の上にすえ、海の水を呼んで、地のおもてに注がれる」者である（九・六）。このヤーウェこそ、その言葉によって天地万物を創造した超越的遍在の人格神にほかならない。またこの故にこそ、ブッデの如きはアモス書における上のような章句を、後世よりの付加物として除こうとするのであろう。しかし我々はその必要を認めない。何となれば我々は所謂（いわゆる）祭司典（P）における如き超越的唯一神の信仰は、すでに予言者アモスにおいてその萌芽を有することを認め得るからである（ロバートソン・スミス）。しかしながら我々は予言者の唯一神観が、どこまでも倫理的なものから出発していることを忘れてはならない。わがアモスにおいて特にしかりであると思う。マルティは言う、「予言者的一神教の起源は、自然および自然力の観念でもなければ、また自然界の現象に思いついた回想でもない」。これを換言すれば予言者の宗教が汎神論的自然宗教でない事を断言したものである。旧約宗教の興味の中心は人間の営む歴史であり、自然現象に対する関心は従であると言ってもよい。イスラエル人は自然を観賞する場合においても、これを神と人間との関係において考えることを忘れなかった。自然を自然として観賞し考察することは彼らの趣味ではないのである。人間は神の創造の首座を占める者であり、万物は人間に与えられた神の贈物である。また自然は実に神の栄光を人間に訴えるために創造せられた。詩篇詩人においてさえ宇宙は人間中心的に考えられていることを我々は発見する。このようにして予言者の神が超越的な倫理的人格として経験せられ、神と人との関係が道徳的対立関係において考えられたことはまた当然と言わねばならぬ。このような神観がイスラエルの宗教をカナンにおける素朴な自然宗教から分離し、また古代ギリシャの文化的宗教より区別せしめている。超越的人格の神が自然を創造し、人類の歴史を導き、その業を通じて人の心に迫り来ること、これが予言者の啓示観念であった。シュテルクは言う、「すべての啓示は神の自己啓示であり、人格の媒介を通じて行なわれる神の業である」と。旧約の宗教は予言者によってその独特とする啓示観念の確立を見たのである。全宇宙は人間を中心とし、全人類はイスラエルを軸とし、全イスラエルは予言者の倫理意識を基調として目的論的な進展を行なう、これが彼らの歴史観であった。そして自然および人類の全歴史を動かす者は神ヤーウェであり、その目的は神の意志の実現にある。このように彼らの考えた歴史の意味は目的論的なものであって事実の精確な記録と言うよりはむしろ事実に対する解釈であった。アモスにとっても歴史の重要性は、神がイスラエル民族のうちに起こした予言者によって試みられたところの歴史的事実に対する解釈である(ウェルシュ)。そしてその解釈の基準は彼らの内的生活に啓示せられた道徳的な力であった。

上述の如く、アモスは倫理的神観に立つ事によって、思想的にイスラエル民族という狭い枠から脱出することが出来たのであると思う。ここに彼の神の普遍性が基礎づけられている。イスラエルを囲む諸隣邦の罪は、ヤーウェの選民イスラエルに対して犯された暴虐であるが故に罪なのではない。隣邦間相互に行なわれた残忍もまた罪悪である。モアブ人がエドム王の骨を焼いたのは何らイスラエルに関係のないことであるが、ヤーウェの目には審判に値する。何となればすべてこれらの暴行は、ヤーウェの道徳的な意志に反逆する行為であるからである。人間の道徳性はイスラエル人と異邦人との区別なく、ヤーウェから平等に与えられたものであること、ここにアモスの審判予言の前提があった。コルニルは強く以下のように断言する、「正義はイスラエルの国境を越えて存する。それはアッシリヤ人の力よりもまだ遠方に達する。何となれば正義はいずこにおいても正義であり、邪悪はいずこにおいても邪悪であるから。イスラエルの神が正義の神である以上、神の国は正義の伸展するかぎり伸展する。公道と正義とが天地における唯一の実在である。このようにアモスを通じてイスラエルの神は正義と公道との神として全世界の神となり、この神の宗教は普遍的宗教となった」と。

我々はさきにイスラエル人の神観は、現実の人生に即した具体的な信仰であることに触れた。そしてこの神観の基調をなすものは倫理的特性であることを述べ、その故にこそこの神が普遍性を得、このように所謂倫理的唯一神観に到達したことを説明した。しかし我々はあまりにも容易にかつ性急に結論にまで到着したのではあるまいか。アモスは上述の如く普遍的な唯一神を主張したが、この神はどこまでもイスラエル神ヤーウェであった。彼はイスラエルがヤーウェに導かれて「奴隷の家」エジプトの国から救い出され、四十年間砂漠放浪の後、アマレク人を討ってカナンの沃野を与えられた建国の昔を回顧している（二・九、一〇）。またイスラエルはその危機に際してモーセ、エリヤのような偉大なる予言者を与えられ、ナザレ人のような正義の団体を立たしめたヤーウェの恩寵に感激する。このようにアモスの説く正義の神は、イスラエルの歴史に自己を啓示した神である。デヴィドソンはこの点を指摘して鋭くも言う、「予言者において我々は二つの主題を見る。民とその神ヤーウェがこれである。予言者の教訓は、抽象的なものではなく、常にこの二つの大主題、およびその相互の関係に関する具体的な叙述からなっている。それ故神に関する予言者の教義が何であるかという質問をもって議論を出発することは出来ない。我々はまずヤーウェすなわちイスラエルの神に関する予言者の教義が何であるかをたださねばならぬ。これを了解し得て初めてヤーウェの教義が神の教義として何を意味し、またこれが何に相当するかを研究することが出来る」。このように我々はまずイスラエルの神ヤーウェの性格を握らねばならぬ。これを把握し得て初めて普遍なる神を了解し得るのであろう。しかしもし人の良心にささやく道徳性が、万民に共通な普遍的絶対命令を与える者とすれば、何故アモスはイスラエルの神ヤーウェの名においてこれを主張する必要があったか。換言すれば何故イスラエル以外の民族の歴史において道徳的に普遍である神は啓示せられなかったか。このような我々の理性においては最早解決し得ざる謎は、我々キリスト教徒が何故歴史のうちに歩んだナザレのイエスを、我々の救い主として礼拝するかという、キリスト教会に永遠の過去より永遠の未来へ課せられた宿題に等しい。そしてこの宿題こそ普遍性を主張すると共に、その歴史性を固持する啓示宗教がその中核において持つところの論理的矛盾であり、しかもこの矛盾の故にこそ、この宗教は根本的な生命の力を与えられているのではあるまいか。我々は決して軽々しく予言者の神観のうち、その普遍的な性格のみ強調してはならない。

ヤーウェはイスラエルをエジプトより救い出したように、ペリシテ人をカフトルから、シリヤ人をキルから導き出した。そのヤーウェの目には、神の選民であるイスラエル人も、侮蔑せられたニグロ族、エティオピア人も同一である（九・七）。このようにアモスは、正義の神の前に種族的偏見の全然あるべからざることを力説すると共に、他のもろもろの族（やから）のうちからただイスラエルのみを選んだヤーウェの特殊の恩寵を強調している（三・二）。キリスト教会がキリスト・イエスの人格の中に永遠の神を発見するように、予言者がイスラエルの歴史に啓示したヤーウェの普遍性を確信した事実を我々は意義深く感ずる者である。

4　祭儀の問題

次に我々はアモス書における祭儀の問題を考えて見たい。アモスは言う、「わたしはあなたがたの祭を憎み、かつ卑める。わたしはまた、あなたがたの聖会を喜ばない。たといあなたがたは燔祭や素祭（解題者註：穀物の捧げ物。農耕的起源を持ち、動物犠牲を伴う他の捧げ物の付属としても捧げられた。なお、燔祭の下位に位置する和解の捧げ物に、動物を犠牲とした「酬恩祭」がある。燔祭とは異なり、脂肪や腎臓などだけが焼かれ、肉は祭司と参会者が食する。／教文館『キリスト教大辞典　改訂新版』など参照）をささげても、わたしはこれを受けいれない。あなたがたの肥えた獣の酬恩祭はわたしはこれを顧みない。あなたがたの歌の騒がしい音をわたしの前から断て。あなたがたの琴の音は、わたしはこれを聞かない」（五・二一―二三）。多くの注解者はこの句を解釈して、アモスにおいては宗教の本質と宗教儀式とは全然無関係であったとする。例えばスキンナーの言葉を借りれば、「それ故犠牲はヤーウェとイスラエルとの交わりに何ら必要な条件とはならない。それは宗教の本質には属せぬものであり」、ヤーウェと交わる道はただ、「公道を水のように、正義をつきない川のように流れさせ」る（五・二四）ことのほかにないと説明する。しかし果たしてアモスが、「祭儀を目ざして虚偽と罪悪のほか何らの意義なし」（マルティ）と断じたのであろうか。彼はそもそも祭儀そのものを本質的に見てヤーウェの意志にもとるものと考えたのであろうか。或いはまた祭儀が正義の代用物として利用せられるが故に、彼の目に無用有害として映ったのではあるまいか、我々は今一度反問してみたいと思う。祭儀はそれ自身として何ら虚偽でもなく、また罪悪でもない。否、これを正当に用いれば宗教の真の助力とする事が出来るはずである。宗教のあるところに必ず儀式がありまた制度があった。これは歴史が事実において裏書きしているところである。このような意味においてロアジーの次の言葉は極端には響くけれども味わうべきであると思う。「歴史における宗教は理論に非ず、感情に非ず、また神秘的な熱心でもない。祭儀の聖化によって保証せられた社会生活の伝統である。精神は制度に生命を吹き込む。しかし制度は精神に堅実性を与え、実際生活との接触を保たしめる。人はしばしば、予言者の宗教は律法によって形式化せられ、狭隘(きょうあい)にせられ、また低級にせられたと言うけれども、元来予言者の宗教なるものは実は存在していなかったのである」と。もし予言者が祭儀を全然排斥したと考えるならば、ロアジーと共に、「予言者の宗教なるものは実は存在していなかった」と言わなければなるまい。バプテスマなく聖晩餐なく礼拝なく祈禱なきキリスト教会を考えて見よ。そこにはもはやキリスト教そのものもないであろう。しかし我々はロアジーの言うように、予言者の信仰と祭儀とが本質的に相容れぬものとは思わない。それ故に彼のように予言者の宗教なるものが、存在したことを否定する道理はないのである。アモスが祭儀そのものを神の目に憎むべきものとして排斥したのか、或いはまた当時行なわれた祭儀が禍となって神の正義を空しくした故にこれを攻撃したのか、軽々しくこれを断定することを躊躇せねばならない。

アモスはさらに言う、「イスラエルの家よ、あなたがたは四十年の間、荒野でわたしに犠牲と供え物をささげたか」(五・二五)と。彼はこの言葉によって荒野においてはベテル、ギルガルの聖所に捧げられるような豪華な犠牲供物が献げられなかったことを意味するのであろうか。或いはまたアラビヤの砂漠においてイスラエルの民は全然祭儀を行なわなかったことを指すものであろうか。もし後者を意味するならば、アモスの歴史的知識は不正確であり、事実に符合しないものであるとウェルシュは言う。何となればヤーウェ典（J）の記者は、犠牲は砂漠時代の太古より始まっているものとして記しており、この記述はアモスの予言よりは古いとみなされるからである。右の一句の解釈については、従来注解者の意見がまちまちであり、決して一定していない。ハーパーによれば、「わたしに犠牲と供え物とをささげたか」の問に対する答は否定的に解されると共に、また肯定的にも解される。すなわち、「砂漠においてイスラエル人が捧げたものは、ただ犠牲だけだったのか」という問であったと考えることができるのである。砂漠においては簡単ではあったがヤーウェに対し犠牲は捧げられた。しかしこの犠牲は犠牲のみに止まらなかった。犠牲と共にイスラエル人の誠心もまた捧げられたのであるとアモスは思わなかったであろうか。荒野における四十年の放浪生活は、アモスにとっても、ホセアにとっても、予言者達にはイスラエルの宗教の黄金時代であった。そこにレビ人であるモーセによって指導せられた簡単な祭儀が行なわれたことであろう。しかしそれは物質的犠牲以上の何物かであったことは想像に難くない。今アモスはモーセの昔を回顧し、宗教的真理をはばむ腐敗した祭儀に対し、その憤懣を爆発させている。犠牲は古代の世界において普遍的な宗教上の慣習であった。その故にアモスが全然祭儀を欠く宗教を考え得たとは思われない。

偶像礼拝がイスラエル宗教史上において論争の焦点となったのは確かにホセア以後のことである（ホセア八・四、一三・二）。そしていわゆる偶像とは金の子牛を指すのであった（ホセア八・六）。すなわちホセアは言う、「これは工人の作ったもので、神ではない」と。しかるにホセアの先輩であるアモスにおいては、未だ金の子牛の問題は論争の表面には現われて来ていない。とは言えシェイネのように、「アモスは北イスラエルにおいて盛んであった宗教上の象徴主義に対しては何ら憂慮を示していない。彼はエリヤ、エリシャのように金の子牛に対し何らの抗議を提出しない」と断言してしまうこともまた不当である。何となればアモスの予言中偶像礼拝を暗示する言葉が出て来るからである。例えば、「わたしはイスラエルのもろもろのとがを罰する日にベテルの祭壇を罰する。その祭壇の角は折れて、地に落ちる」（三・一四）とある。また言う、「かのサマリヤのアシマをさして誓い、『ダンよ、あなたの神は生きている』」（八・一四）と。何故ヤーウェはベテルの壇を毀つのであるか。またサマリヤのアシマを指して誓うとは何を意味するのであるか。これより先エロボアム一世の時代に、金の子牛はベテルおよびダンの聖所に安置せられた（I列王紀一二・二八—三三）。以上のアモスの言葉をもって、金の子牛に対する排斥を適確に意味するのであると言うデヴィドソンの説は確定的でないとしても、北イスラエルの聖所において、ヤーウェの意志にかなわない異教的な祭儀が、民の好みによって盛んに行なわれておった事実を指すものであることは疑いを容れない。またアモス書五章二六節には、「あなたがたの王シクテをにない、あなたがたが自分で作ったあなたがたの偶像、星の神、キウンをになった」とある。このシクテ、キウンは従来、或いはアッシリヤ、バビロニヤの天体礼拝に用いられた偶像であるとされ（ノワック）、或いは紀元前七二二年、すなわちサマリヤ陥落以後パレスチナに残留した土着民によって礼拝せられた神々を指すものであり、この一句は後世よりの挿入句である（ドゥーム）とせられていた。しかるに最近或る者（ゼリン）の如きはこれを、「そしてあなたがたはあなたがたの王の幕屋と共にあなたがたの作ったあなたがたの神と共にダマスコのかなたに運び去られる」と改訳し、「あなたがたの作ったあなたがたの神」とはベテルにおける金の子牛を意味するものであると解釈している。このようにベテルにおいてヤーウェは何らかの神像によって礼拝せられ、その礼拝形式もきわめてカナン的であったことは疑う余地がない。

以上を要するに、アモスの予言は決して祭儀そのものの可否を論じたのではあるまい。むしろこれが濫用され悪用され、祭儀が盛んであるがためにかえってヤーウェとイスラエルとの間の精神的交通が杜絶された故に論難攻撃したものと思われる。事実北イスラエルの聖所における礼拝様式は甚だしく異教的であり、醜き道徳的罪悪、社会的不正義がここに宗教の名において公然と行なわれていた。しかし「人は安息日の主である」べき者である。祭儀が信仰の忠実なる僕であるかぎり前者はますます後者に仕え、形なきものを形あるものへと客観化して行く力を与えるものである。予言者の排撃したものは逆用せられた宗教儀式であったと見ることは失当であろうか。

5　罪　観

予言者の宗教に一条の赤線のように走るものはヤーウェの審判の思想である。アモスはこれを「災(わざわい)の日」（六・三）、「ヤーウェの日」（五・一八）、もしくは「その日」（二・一六、四・二）という語を以て表わしている。アモスの神は正義と公道とを水のように流れさせることを要求する正しき神である（五・二四）。故にこの神はイスラエルの罪を憎む。イスラエルが神の民として存続する理由は、ただ正義を実行することにあった。しかるにイスラエルはヤーウェの要求を満足させることに失敗したのである。故に待つものはただ審判であった。正義の神としてのヤーウェは、イスラエルの国境を越えてその諸隣邦にもまた正義を要求する。ここにヤーウェ要求の倫理的普遍性がある。かくしてヤーウェの義なる意志にかなわざる行為があった時、ダマスコ、フェニキヤ、ペリシテ、モアブ、アンモン、エドムは神の審判を免れることができなかった。これらの諸国が罰せられる理由は、ヤーウェの選民であるイスラエルを苦しめたためではない。ヤーウェの道徳的要求に反したからである。しかるに何故イスラエルは他の隣邦にまさって激しく神の審判を受けねばならなかったか。アモス書において隣国に対する審判の宣言はただイスラエルのそれに対する序曲に過ぎない。神の怒りは今やイスラエルに向かって最後の爆発をなさんとしている。何故であるか。ヤーウェはイスラエルをエジプトから救い出したように、ペリシテ人をカフトルから、シリヤ人をキルから導き出した。神の目にはイスラエル人もエティオピア人も何ら本質的に異なるところはない（九・七）。しかるに何故ヤーウェは他の諸族の中にただイスラエルのみを選んだのであろうか（三・二）。ブッデはいみじくも言う、「アモスは何故ヤーウェがイスラエル人を選んだかを知らない。ただこの選抜から生まれる結果のみを知る。責任は特権の補足であり、罰は罪の補充である」と。イスラエルが神の選み（えら）に入れられた光栄は、やがてその嗣業（しぎょう）（解題者註：譲渡し得ない生産手段の所有権を意味し、旧約聖書では主として神が与え、各部族に配分されて、受け継がれるべき土地を指す。／教文館『旧約・新約聖書大事典』など）の地パレスチナにおいて聖旨を実現すべき責任であった。神の選みは特権のための選みに非ずして使命のための選みである。しかるにイスラエルは、今やこのような聖旨実現の使命に失敗したのである。故に当然ヤーウェの審判を免れることを得ない。しからば何をもってイスラエルは神の選民たることを自覚することが出来るか。アモスによればその証拠はイスラエルに予言者を与えられたことにある（二・一一）。聖旨は予言者を通じてのみイスラエルに与えられると彼は確信していた。アモスは言う、「まことに主なる神はそのしもべである予言者にその隠れた事を示さないでは、何事をもなされない」（三・七）と。彼はこのところにイスラエルと異邦との根本的差別を見いだしたのである（ロバートソン・スミス）。イスラエルが奴隷の家エジプトの国から導き出され、蜜と乳との流れるカナンの地を与えられたことはまことに大いなるヤーウェの賜物である。しかしイスラエルの歴史に予言者が与えられたことはさらに大いなる賜物である。イスラエルは他の諸国にまさり、その予言者を通じ明らかな聖旨を示されている。しかるに彼らはその宗教生活において、また社会生活において、これにかなうべく失敗したのである。故にイスラエルは他の諸国にまさって厳しい処罰を受けねばならぬ（三・二）。しかもヤーウェはアッシリヤを招き、エジプトに伝え、諸国環座のうちにサマリヤの都は没落せねばならぬとアモスは断言する（三・九）。

アモスがイスラエルの罪をただ律法的に考えていなかったことは彼の神観から考えて明らかである。もちろん彼の時代に、すでに後世において初めて完成した律法の一部、例えば「契約の書」（出エジプト二〇―二三章）およびモーセの「十戒」（出エジプト三四章）のようなものが存在しておった事は疑いを容れない。しかるに学者の多くはアモス書二章四―五節におけるユダに対する審判をもってこの言葉が簡単に過ぎる事と、そのうちに「律法」、「法度」の二語あることとを理由として、この一句をヨシヤの改革（紀元前六二二年）以後の挿入であるとなしている（ドゥーム）。しかし当時すでに簡単ではあるが宗教法規の存在したことから見れば、「ヤーウェの律法を軽んじ、その法度を守らず、その先祖らが従った偽の物に惑わされる」ところのユダの罪に対し審判の宣告を下したアモスの予言を、真正ならずとして排斥するのは根拠に乏しい議論である（ウェルシュの如きは申命記律法の発端さえすでにサムエルの時代に始まっていると主張する）。

　しかしアモスの罪観は原則から見て宗教的にも、また道徳的にも、もっと精神的に、そして具体的にも非律法的な行為として考えられていた事は言をまたない。彼の言う罪とは、国際戦において鉄の籾磨板をもって捕虜を轢き殺し、孕み子を割き、死者の骨を焼き捨てる暴行であり、また白昼公然と収賄し、法廷において正義を枉げる司法官の汚職である。一足の靴の価をもって同胞を奴隷に売る富者の横暴であり、また父子共に一人の女を汚す乱倫であった。サマリヤにおける神をも人をも恐れぬ権力者の奢侈逸楽の生活であり、またベテル、ダンにおけるいたずらに犠牲の多きをもって、讃歌耳を聾するばかりの喧騒をもって、ヤーウェの歓心をつなごうとする迷信であった。しかし我々はアモスは他の予言者のように何よりも先ず宗教人であったことを記憶せねばならぬ。彼は民族と民族との間に犯された罪悪を考えるに当たっても、単にこれを人と人との関係においてのみ見ることをしなかった。何故種族間の残虐な行為は罪であるか、強者の弱者蹂躙は背徳であるか、また信仰なき形式的な祭儀は憎むべきであるか。これらはすべてヤーウェの聖なる意志を破壊することであったからである。すべての罪悪は聖旨実現の失敗から起こる。換言すればヤーウェの意志を聴かざる不信仰に原因する。正義を求める予言者の叫びはヤーウェ自身の声である。しかるにイスラエルは神の特別の賜物であるところの予言者を窒息せしめんとしている。このように神の声に逆らい、これを聴くまいとする不信仰が、最大の罪悪であり諸悪の根源であった。田舎びとアモスが都ベテルに出て、イスラエルの罪を糾弾した時、祭司アマジヤは大事に至らないまえにこれをエロボアム王の側近に密告し、かつアモスに対してはユダの地に行き予言によって衣食を受くべき事を勧告した。

そもそもエロボアムの朝廷は、父祖エヒウがエリシャを指導者とする予言者の一団およびレカブ人らの後援によって流血の革命をもってうち建てられたものである。故に王室直属の聖所を司るアマジヤは、一面荒野からの予言者アモスを軽蔑すると共に、他面彼の予言者としての政治的潜在勢力の侮るべからざるを恐れていた。何となれば彼に祭司たるの任命を与えたエロボアムの朝廷は、予言者の助力を借りて初めて成立したからである。その故に御用宗教家たるアマジヤが、民衆宗教家たるアモスを、治安攪乱のかどをもってエロボアム王に上訴したのはむしろ当然である。或いは権力を借り、或いは巧言と令色とをもって、神の言葉を遮(さえぎ)ろうとしたアマジヤの不真実に対し、アモスは勃然として激怒した。人の力はよく予言者アモスを沈黙せしめ得るかも知れない。しかしヤーウェの言葉そのものは何人も打ち消すことは出来ない。否、イスラエルがこれを避けようとすることによって神の怒りは益々イスラエルに向かって鬱積(うっせき)して来る。アマジヤの家庭は審判の日に剣によって滅ぼされ、その妻は遊女として売られ、その子女は敵の手に倒れ、アマジヤその人は異邦に捕えられるとアモスは予言する。エロボアムの宮廷は滅び、イスラエルもまた捕囚の災厄に出会わねばならぬ（七・一〇—一七）。

このようにアモスはイスラエルの最大の罪を、ヤーウェの言葉を拒むことにありとした。彼は言う、「わたしはあなたがたの子らのうちから予言者を起し、あなたがたの若者のうちからナジルびとを起した……ところがあなたがたはナジルびとに酒を飲ませ、予言者に命じて『予言するな』と言う」（二・一一—一二）と。アモスは予言者と共にナザレ人をもヤーウェがイスラエルに遣わした神意啓示の機関として考えている。ナザレ人が如何なる種類の人々であったか明瞭ではないが、その名称は「分離せられた者」もしくは「聖別せられた者」という意義を含んでいる（ドライヴァー）。ナザレ人はレカブ人のようにイスラエル民族のうちにあって反文化的傾向を代表しておった。彼らは飲酒を禁じ単純素朴な生活を営むことによってカナンの扇情的な農民宗教に反対し、砂漠における如き信仰の純一性を保とうとして結束した一団である。ぶどう酒は実にカナンの異教文化を代表するディオニソス的な傾向を最もよく象徴するものとして、これを飲むことを厳禁したのである。イスラエルの歴史においてサムソンはナザレ人であり（士師一三・五）、サムエルもまたそのように思われる（Iサムエル一・一一）。またナザレ人と同じ主義を奉ずるレカブ人が、予言者エリシャの一団と共にエヒウを助けてオムリ朝を倒し、バアル宗教をイスラエルから一掃せんがために激しく運動したことは著しい事実である（II列王紀一〇・一五以下）。ロバートソン・スミスは、アモスもこのレカブ人の一族に生まれたのではないかと言う（キッテルは、ナザレ人とレカブ人は同じ種族より分かれ出たものであると言っている)。このようにナザレ人、レカブ人がイスラエルにおける反文化的な潮流を代表し、飲酒を禁じ、天幕生活に甘んじ、頭髪を梳らず、単純素朴な生活を営むことにより、遊牧時代の純粋な信仰生活に帰ろうとしたことは興味深い現象である。つまり彼らはモーセの宗教に復帰することをもってその根本的な主張とした。これはレカブ人ヨナダブとほぼ同時代である予言者エリヤが、神の山ホレブにおいてヤーウェを求めたこととその傾向を同じくする(I列王紀一九・八)。そしてアモスが、ナザレ人をもって予言者と共にイスラエルに対するヤーウェの使者であると見、その宗教運動に深い同情を持っていたことは意義深いことと思う。結局予言者の宗教はモーセの信仰への還元であった。しかし彼らの運動には一面、積極的にカナン文化を吸収することを目的とした点もあろう。この点において、ナザレ人、レカブ人の如き、単なる文化反対を以て直接の目標とする極めて狭隘な消極的な運動と類を異にしている(T・H・ロビンソン)。しかしながら予言者の宗教は彼らの意識においては確かに一種の復古運動であった。カナンの自然宗教との混淆に対し信仰純一の高き叫びであった。その結果はヤーウィズムが予言者を通しバアリズムを吸収したことになるのかも知れない。しかし直接的に言えば、予言者達の目的はヤーウィズムを高く揚げることにより、バアリズムをイスラエルから放逐せんとする努力であったと見てよろしかろう。エリヤの、「バアルか、ヤーウェか」の絶叫は、この消息を最も鮮明に伝えている(I列王紀一八・二一)。そしてエリヤの揚げた標旗はやがて爾後の予言者の担うべきものであった。「予言者は皆その手を背後に延ばす過去の子であった」（デヴィドソン）のである。イエスが律法の宗教を越えて予言者のそれに復帰することを求めたように、ルター、カルヴィンが中世のローマ教会を越えてイエスとパウロの信仰に還ったように、予言者もまたカナンの宗教を排してモーセの信仰に帰ることを求めている。「偉大な宗教改革はその根底を過去に有する。真の改革者は彼の宣言することの新しき故をもって聴かれようと欲しない、むしろ彼と同時代の民衆が、公けに否定することも出来ず、しかも事実は無視しているところの古い真理に正当なる意義を与えるが故に、聴かれることを願う」者であろう（ロバートソン・スミス）。予言者を拒み、ナザレ人に酒を飲ませてこれを堕落に導き、そしてヤーウェのイスラエルに叫ぼうとする声に耳を蔽（おお）った神の選民が、異邦の民よりもさらに痛烈な審判の莚（むしろ）に坐すべきはけだし当然である。

6 審判

「ヤーウェの日」の観念は決してアモスに始まったものではない。「その日」の到来は当時のイスラエル人の間に一般に行なわれていた信仰であった。しかも彼らはその日には天地の覆滅と共に新天新地が到来し、イスラエルを無限に幸いする祝福の日として信じていたのである。故にその日はイスラエルの敵たる者にとっては滅亡の兆、イスラエルにとっては勝利の兆であった。民はヤーウェの賜う幸福を夢み、その日を待ち望んだ。しかるに独りアモスにとってはそれはヤーウェがイスラエルの不義に対しその怒りを爆発する日であった。このようにアモスは民間に広く行なわれている信仰を逆用し、ヤーウェの審判を叫ぶために全然異なる内容を充填したのである。彼は言う、「わざわいなるかな、主の日を望む者よ、あなたがたは何ゆえ主の日を望むのか。これは暗くて光がない」（五・一八）と。民によって光明として信ぜられたヤーウェの日は予言者にとっては実に暗黒であった。神の審判が如何なる範囲に及ぶか、イスラエルとその諸隣邦に止まるか、或いは全天地の壊滅を意味するか、研究者の間に異論がある。これを広義に解釈する者のうち、或る者はその思想の起源をカナン人の宗教に求め、イスラエルがカナンの終末信仰を受け継いだのであると説き（グレスマン）、また他の者はこれをエジプトから継承したのであると説明する（マイヤー）。このようにその起源は如何様にもあれ、この思想がアモス時代に始まるものではなく、遠く古代から相続せられたものであることは、デヴィドソンの如きもまた認めているところである。イスラエルに臨もうとする審判が天地の覆滅の一部分として到来すると考えられていたことは、アモスの神が天地創造の神であるとの信仰のうちにも窺われるのであるが、次の予言によっても想像し得られる。「たとい彼らは陰府（よみ）に掘り下っても、わたしの手はこれをそこから引き出す。たとい彼らは天によじのぼっても、わたしはそこからこれを引きおろす」（九・二）。また言う、「その中に住む者はみな嘆き、地はみなナイル川のようにわきあがり、エジプトのナイル川のようにまた沈む」（九・五）と。すなわちヤーウェの審判は全世界的であり、どこにもイスラエル人の逃がるべき余地を与えないことを意味している。

このようにアモスの「審判の日」の思想が、エジプト或いはカナンにおける終末信仰の影響を受けたにせよ受けざるにせよ、この思想は彼の倫理的な神観と緊密な関係に立つものであることを忘れてはならない。ヤーウェは正義の神である。その故に世界の不義、特にイスラエルの罪を罰せざるを得ない。ヤーウェはこのように世の悪を罰することによって自らの正義を明らかにするのである。ヤーウェはイスラエルに予言者を送りナザレ人を立たしめてその聖なる意志を知らしめんとした。しかるにイスラエルはこれを拒み、神の声に耳を蔽うたのである。ヤーウェは饑饉と旱魃と蝗害と疫病と火災とを送ってイスラエルの悔罪を促した。しかるにイスラエルは傲然と、「我はヤーウェに帰らず」と答えている（四・六―一一）。今やイスラエルの社会に吹きすさむ不気味な暴風は、「ヤーウェの言葉を聴くことの饑饉」であった（八・一一）。ヤーウェは予言者を用い、また自然的災害によってイスラエルを警告すべくしばしば努力した。しかしそのことごとくが失敗に終ったのである。故に今はヤーウェ自身イスラエルに顕現し、その不義を罰するほかに途がない。イスラエルはヤーウェ自身に会う準備をせねばならぬ（四・一二）。

旧約における予言者はしばしば「海燕」或いは「暴風鳥」という名称をもって呼ばれる。すなわち、この種の鳥が暴風雨を予知し、避難の運動を開始することにより、船人をして嵐の近きを察知せしめるが如く、イスラエルの予言者もまた、その政治的洞察力をもって、近づこうとする外国からの来襲を予見し、その警告をイスラエルにむかって叫ぶ。ここに彼らの任務があると説くのである。予言者はまず北方メソポタミヤにおいて捲き起こりつつある戦雲を予察し、やがてこの暗雲が西方アジヤ、地中海沿岸にまで到来すべきを推測し、さてその原因をたずねる時、彼らの発見したものはイスラエルの宗教的道徳的罪悪であった。この故に彼らはイスラエルにむかって改悛を絶叫したのであると解釈するのである（ジョージ・アダム・スミス）。このようにして従来の学者はアッシリヤの来襲とヤーウェの審判との間に不可分離の関係を見いだしている。例えばウェルハウゼンの如きは、予言者は事実政治家ではないとなしつつ、同時にアモスの胸中にはアッシリヤからの暗雲が低迷しておったと断言する。またシュテルクは言う、「アッシリヤが西方に向かって進軍しつつあったことはもちろんアモスと同時代の人々の周知のことであった。しかしこの事実がイスラエルにとり、また彼らと神との関係にとり、何を意味するかは民衆に謎として残された」と。そしてこの謎を解いた者が予言者であるとするのである。また或る者は予言者によりアッシリヤはヤーウェの審判を実現すべき手段として考えられていたと言う（ノワック）。すなわち、この解釈によれば神のさばきは必ずアッシリヤの手を通してイスラエルに加えられると言うのである。ブッデの如きは予言者における政治的洞察とその神観の倫理化とを関係せしめ、次のような不可思議な説明をさえ敢えて試みるのである。エリヤ、エリシャらの努力によってイスラエルにおけるツロのバアル礼拝はひとまず一掃せられた。これによってヤーウェの祝福は当然イスラエルに来るはずであった。しかるにエヒウ、エホアハズの時代において、イスラエル人はダマスコによってその国土を蹂躙せられ、厳しき圧迫を受けている。そしてアモスの時代に至って、ダマスコの彼方にあってダマスコよりもさらに強大な帝国アッシリヤは、パレスチナに迫りつつある。この不合理な現象を如何に説明すべきであるか。アモスはこの宿題に対し次の解答を与えている。すなわち、ヤーウェが従来のように、ただ形式的に礼拝されるのでは十分ではない。如何に礼拝されるべきかが問題である。すなわちヤーウェを礼拝する道は正義と公道とによらねばならぬ。単なる祭儀をもってするヤーウェ礼拝は空虚である、その故にイスラエルは今罰せられんとしていると。ここに予言者の神観の倫理化があり、その道徳的主張を通して神性の普遍化が考えられたのであるというのがこの学者の解釈である。このように道徳性を通じて普遍化せられたヤーウェは、アッシリヤを審判の用具として使用することにより、イスラエルの不義背徳を詰問しようとしている。上記のような研究者はアモスの政治的予見の中にアッシリヤのあったことを立証せんがために次の句をしばしば引用している、「それゆえわたしはあなたがたをダマスコのかなたに捕え移す」(五・二七)。

しかしアモスはその予言において一回もアッシリヤの名を挙げてはいない（アモス三・九の原文はアシドド）。ダマスコのかなたの国は汚れたる地であったであろう（七・一七）。しかしそれは必ずしもアッシリヤに限られてはいない。アモスの予言は本来アッシリヤとは無関係であると考える方が正しい。彼の予言における終末観濃き色彩を認める者は、両者の間に必然的な関係を認めないのである（ウェルシュ、ミックレム）。ドゥームの如きでさえこのように言っている、「予言者は来たるべきものを恐れる。しかし彼らはアッシリヤの危害については語らない、人間は何ら危害をもたらすことを得ない。ただヤーウェのみ彼らの恐れであり驚きである」と。当時アッシリヤはしばしば西方に進出を試みたとは言え、うちに強固な基礎を持っていなかった。何となればこの国はなおメディアに対し、カルデヤに対し、備えなければならなかったとも言われ、またアッシリヤの北イスラエルに対する危険は、アモスの時代においては過去におけるが如くもはや脅威ではなかったとも言われる（ウェルシュ、ヘルシャー）。このように予言者の審判予言は政治的な事情と全然無関係である。ヤーウェの審判の原因はイスラエルの罪悪である。何となれば義なる神はその民の悪を憎むからである。すなわち、彼らの予言は決してその政治的観察から来る結論ではない。むしろヤーウェと予言者との直接の霊的交通によって啓示せられた神の意志を伝達したものに過ぎない。その故に彼らの予言は審判の手段についてはしばしば曖昧であることはけだしやむを得ぬ次第であろう。ホセアは言う、「彼らは主の地に住むことなく、エフライムはエジプトに帰り、アッシリヤにて汚れた物を食べる」と（九・三）。すなわちホセアにはヤーウェの審判の日においてエフライムはエジプトに再び捕われ行くか、或いはアッシリヤに引き行かれるか、まったく判然としていなかった。ただ審判の日の近く到来することのみ、彼の胸中に鮮かに意識せられたのである。要するに予言者にとって最大の関心事は、ヤーウェの意志である。そしてこの意志を実現すべき手段は二次的な問題である。換言すればヤーウェの審判の性質如何がまず重要な課題であって、その方法は第二段のことに属する。ヤーウェ自身がイスラエルの罪を罰せんとして来るが故に、イスラエルは神に会うの備えをせねばならぬ。予言者は元来宗教人であり政治家ではない。この点に関してウェルシュ、ヘルシャーの見解は正しいと思う。

アモスはしばしば「災厄の予言者」或いは「怒りの予言者」という名称をもって呼ばれる。すなわち、これらの名称は、アモスがイスラエルの全滅を敢えて予言し、彼らの罪科に対し何ら仮借するところがなかったことを意味する。前述のようにヤーウェの審判は全世界的であり、イスラエルの滅亡は天地覆滅の一部であるが、しかしアモスの叫ぶ神の審判の動機はあくまで倫理的である。換言すれば予言者的終末信仰の根本的動機は、宇宙における倫理的意志の自己実現である。故にもしヤーウェの怒りが神の民イスラエルの全滅をもたらすならば、ヤーウェの倫理的意志の実現は不可能になってしまう。エリヤの宗教改革の時バアルに膝を屈せず、これに口づけせざる七千人が残されたように（I列王紀一九・一八）、アモスの神もまた、「しかしわたしはヤコブの家をことごとくは滅ぼさない」（九・八）と約束している。アモスの弾劾の目標は主としてイスラエルの富者および権力階級であり、神をも人をも畏れざる徒輩であった。彼らは災禍をもってなお遠しと傲語していたのである（六・三）。不遜にも、「災はわれわれに近づかない、われわれに臨まない」（九・一〇）と放言したのは彼らであった。しかしイスラエルにはなおヤーウェの正義を確信する少数の敬虔の人々なきにしもあらずである。このような少数の正義の士を滅ぼすことは、ヤーウェの聖なる目的から見て無意義なことである。アモスにもまた「残れる者」の思想はあった（ロバートソン・スミス）。アモスの峻烈な性格、彼の厳粛なる神観は往々我々をして彼を温情なき冷血漢と考えさせやすい。しかし彼はその衷心において祖国イスラエルに対し溢れるばかりの愛と熱情を有していた。その故にこそ彼はイスラエルの将来を誤る姦悪なる政治家、偽善的なる宗教家に対して激しい怒りを感じたのである。アモスがその幻想のうちに蝗（いなご）と火との災害を見た時、彼はヤーウェに向かって「ヤコブは小さい者です、どうして立つことができましょう」ととりなしの祈りをしている。しかし彼は測りなわをとって石垣の上に立つヤーウェに接した時、もはやこの上祈るべき勇気さえ持つことが出来なかった（七・一―九）。もとよりアモスにおける「残れる者」の思想はホセア、イザヤにおけるが如く鮮明に現われてはいない。しかし「彼は暗黒なる展望にもかかわらず、イスラエルの救いについて全然失望してはいなかった」のである（ニュードソン）。しからざれば彼は、「悪を憎み、善を愛し、門で公義を立てよ、万軍の神、主は、あるいはヨセフの残りの者をあわれまれるであろう」（五・一五）とは叫ばなかったはずである。新しいイスラエルは実にこのような残れる少数者より始まる。これこそ予言者の希望であった。イスラエルは穀物のようにふるわれなければならぬ。しかしその一粒も空しくは地に落ちない（九・九）。彼は決してイスラエルの将来に対して絶望的ではなかった。審判の彼岸には輝くばかりの希望が燃えていたのである。審判されるとは救済されることの前提である。審判なき救済は単なる感傷主義に終る。また救いなき裁きは神の救済的意志に矛盾することである。しかしアモスには未だ救いの思想は鮮明ではない。この思想を苦悩にみてる個人的体験において深くした者は次に来るホセアである。ただこの信仰がアモスのうちに萌芽として存在するを否定することは出来ないと思う。

ホセアの宗教

1　彼の人物と時代

予言者ホセアが如何なる社会的地位を占める人であったかは明らかではない。或る者はホセアがイスラエルの宗教儀式について深い関心を持っていたことから、彼をもって位置高き僧職の出であると想像する（ドゥーム）。アモスが氏なき一介の田舎びと、羊を牧し桑の木を作る農夫であったのに対し、ホセアは父祖の名を持つホセア・ベン・ベーリであった（一・一）。彼が都会人であったか、また田舎びとであったかについても判然としない。或る者はホセアが当時のイスラエルの政治状態を炉に焼かれるパンにたとえた事（七・四）から、彼の職業をもってパン製造者となし、彼は都会において人となった予言者であると考える（T・H・ロビンソン）。彼がイスラエルの政治的事情によく通暁していたことに照らして、彼の生い立ちの場所を都会に求めることはあながち無理からぬことである。しかしまた或る者は彼の故郷を北イスラエルとユダの境であるベニヤミンの地となし、彼をもって田舎びとする。そしてこの説は彼がその予言に用いた地名或いは用語等の研究により、相当根拠あるものの如くである（ヘルシャー）。

このようにホセアの生い立ちについては全然明瞭でない。ただ一つ明らかな事実は、彼が北イスラエル人であったことである。彼は骨の髄からイスラエル人であった。アモスが果してユダヤ人であったか、否か、異論があるが、ホセアは北イスラエルの生んだ最大の予言者であり、その性格、その教説の点からしばしば後世ユダにおけるエレミヤに比較せられている。彼は熱愛する祖国イスラエルの罪を批判すべく予言者として立たしめられた。彼の興味の一切、その関心のすべてがイスラエルの運命にかけられていた。彼にはアモスのように、神の世界的審判の座において、イスラエルを囲む諸隣邦ダマスコ、アンモン、モアブ、エドム、フェニキヤ、ペリシテ等の間に祖国の位置を求めようとする広い眼界を持たなかった（アモス一・三―二・六）。ホセアにとりヤーウェはただイスラエルの神であり、イスラエルはただヤーウェの民である。神と民との関係をホセアほど緊密な骨肉の関係において見た予言者は他に稀であろう。彼は実に彼自身を祖国そのものとして観じた。ヤーウェとイスラエルとの関係の破綻は、実に彼とその妻ゴメルの間の悲劇にほかならぬ。彼はその妻が不節操になったにもかかわらず、これを終生愛せざるを得なかったように、神に対し不信実なイスラエルのために涙をもって憂いた。彼こそ愛国の予言者であったと称することが出来る。「彼がその同胞に叫びかける時、彼の声は常に感激をもって息づまり、彼の弁舌は嗚咽の連続にほかならない」（デヴィドソン）。アモスが鋭利人の心胆を寒からしめる論理家であったのに反し、ホセアは惻々として人の情感に迫り来る詩人であった。心の純粋な愛に値しない不貞の妻をついに捨てるに忍びなかったように、神の恩寵に応えることを知らなかったイスラエルに対しても、これを路傍の民のように見捨てることができなかったのである。

アモスとホセアとはほとんど時代を同じくして輩出した予言者である。アモスの時代、北イスラエルに君臨したエロボアム二世の没後、イスラエルは急激な速力をもって政治的混乱状態に陥った。エロボアム二世によってイスラエルは一時的繁栄を来たし、その国土もダビデ王以来の拡張を見たのである。しかしその隆盛は残灯の消滅する直前、暫時的なる閃光をはなつにも等しいはかなさであった。この当時すでにアッシリヤの巨腕はイスラエルにまでも延び、その政治的消長を著しく左右する有様であった。エロボアムの子ゼカリヤは父王に継いで王位に登ったのであるが、わずかに半歳にしてシャルムのために暗殺せられた。しかしシャルムもまた君臨一ヵ月でメナヘムにより同じ運命に突き落された。このメナヘムはアッシリヤ王ティグラトピレゼル（聖書にはプルとよばれる）に朝貢することによって、初めて王位をかちえたのである。メナヘムは辛うじて王位をその子ペカヒヤに伝えることを得たが、ペカヒヤはただちにペカにより虐殺せられてしまった。このようにイスラエルの王朝は虐殺に次ぐ虐殺、簒奪に報いるに簒奪をもってするところのまったく無政府的混乱状態にあったのである。イスラエルの国政を左右する外的勢力は、ただにアッシリヤのみではなくエジプトもまたこれに参加していた。しかるにエフライムは、「知恵なき愚かなる鳩」のように、或る時はアッリシヤに援を求め、また或る時はエジプトに媚を呈するという無定見な外交方針をとっていた（七・一一）。その結果はシリヤ・エフライム戦争となり（紀元前七三四年）、次いでアッシリヤ王シャルマネゼルのパレスチナ侵入を招き、ついにサマリヤ陥落と共に北イスラエルの滅亡に至って大団円を告げたのである。これ実に紀元前七二二年のことであった。仮りにエロボアム二世の死を七四〇年頃とすれば、北イスラエルの没落は、彼の死後わずか二十年間の出来事であり、この間に七人の王が交代している。

当時イスラエルの国政が乱脈であったように、国民の宗教生活もまた無秩序を極めていた。我々はすでにアモスの時代において社会道徳が著しく紊乱（びんらん）していたのを見た。しかるにホセアの時代となってその宗教生活はいっそう頽廃するに至った。一言にして言えば自然宗教の復活である。アハブ王の時代における予言者エリヤ、エリシャの努力、エヒウによるフエニキヤのバアル撲滅、これら先覚者たちの奮闘にもかかわらず農民宗教であるバアル礼拝は実質的に当時の宗教生活に食い入っていた。春になれば黄金の如き麦の穂波、秋になれば珠玉のようなぶどうのみのり、母なる大地の生産力に対して感謝の礼拝を捧げ犠牲を献ずること、これが農民の宗教である。ここには一年の収穫の終る時、芳醇なる酒の香に酔い狂うディオニソス的な乱舞と歓楽があった。神殿には聖女が蓄えられ、或いは青木の下に、性的不道徳が祭儀の重要なる部分として行なわれたようである（四・一二）。ただ注意すべきは当時のイスラエル人は、祖国の神ヤーウェを捨て、異教の神バアルに就こうとする意識的な背教の心を抱いてはいなかったことである。むしろ彼らはヤーウェの名において、バアル的宗教を信奉していた。すなわちバアルの祭儀をもってヤーウェを礼拝する間に、この礼拝の形式につつまれた信仰の本質もまた、次第に人格的倫理的神観から自然的感覚的神観に移って行ったのである。これを称して旧約宗教史上における宗教混淆（シンクレティズム）と言う。そして一般民衆が感知し得ざるこの微妙にして奇怪な宗教上の混血児を鋭く看破し、両者は本質的に相容れざることを明白に指摘し、激しく警告した者が予言者である。要するにホセアの時代における北イスラエルは、政治的にもまた宗教的にもその精力がほとんど消尽してしまった時であった（デヴィドソン）。

2　彼の家庭

我々はホセアの名を口にする時、常に彼の悲劇的な家庭生活を想起する。多くの旧約研究者は、彼の宗教観と彼の家庭との間に必然的な関係を認め、ホセアの宗教は実にその家庭における彼の精神的苦悩の所産であると解釈する。しかし、もし我々がイプセンの『人形の家』を読んで、彼の家庭にもこの戯曲のような破綻があったとするならば、それは甚だ滑稽な想像に過ぎない。エドマンド・ゴスはイプセン夫人は天才の内助者として最もすぐれた婦人の一人であったと語ったと言う。ホセアの場合にもこれと同一のことが言えぬであろうか。或る者はホセア書第一章および第三章に見いだされるホセアの不幸な結婚に関するロマンティックな物語は近代の学者の想像だと断じ、この物語の歴史性を一蹴している（ヘルシャー）。もとよりイプセンの場合、ノラは純然たる創作であり、彼女の家庭的破綻に対してイプセン夫妻が何らこれを事実として裏書すべき責任を持つものでない事はもちろんである。しかしホセアの場合には少しくこれと趣を異にする。聖書はホセアの家庭的悲劇を、彼の実際的経験として記しているのみならず、第一章においてはホセアは第三人称によって物語られているのであるが、第三章においては彼は第一人称によって自分を述べている。すなわちこれは妻ゴメルとのもつれが事実であることを彼自身裏書しているにも等しい。またこの物語を単なる比喩として解釈すべく彼の苦悩はあまりにも深刻に記せられている。

次に結婚前のゴメルが如何なる素性の女であったか、これに関しても異説区々である。一章二節における、「行って、淫行の妻と、淫行によって生まれた子らを受けいれよ」という一句を字義通り解釈すれば、デブライムの娘ゴメルは、ホセアの妻とされる以前にすでに淫行の婦人であり、ホセアは彼女が汚れた女であることを知りながら、しかもこれを妻としたということになる。また或る研究者は「淫行の妻」を解して神殿の巫女、すなわち聖女（ケデーシャー）であると解釈する。この巫女は神に一生を捧げた聖女とは呼ばれはするものの、祭儀として神殿に売淫を行なった女であると言われている（T・H・ロビンソン）。前述したように、当時イスラエルの宗教は農民宗教すなわち自然宗教的色彩を多分に有し、ホセア書に述べられているような性的乱脈を伴っていた。その祭儀は不潔な快楽をもって初めて満足するほどに道徳的に堕落したものであった。すなわちこの説によればホセアはこのような不潔な婦人を娶る事を、その予言者的恍惚状態のうちにヤーウェの神託として聞いたというのである。しかし我々は、一章二節の神の言葉にもかかわらずゴメルの前半生が清浄な少女として過ごされたことを信じようとする者である。何となればホセアの結婚生活の物語は、彼やヤーウェとイスラエルとの関係を明らかにしようとして記述した挿話である。そして彼は出エジプト当時における神と民との関係を理想的に考えている。すなわち両者の関係は純潔な夫と貞淑な妻との清き婚姻であった。ホセアは言う、「その所で彼女（イスラエル）は若かった日のように、エジプトの国からのぼって来た時のように、答えるであろう。主は言われる、その日には、あなたはわたしを『わが夫』と呼び、もはや『わがバアル』とは呼ばない」（二・一五―一六）と。すなわち彼は砂漠におけるイスラエル人の宗教生活をもって理想的なるものとして回想しているのである。それ故彼自身の結婚談も、また彼の妻が清浄なる少女でなかったとするならば、この場合説明的挿話としての価値を全然失ってしまう。

しからば一章二節にある、「行って淫行の妻を受け入れ」という意味を如何に解したらよいであろうか。思うにゴメルは無垢の少女としてホセアに嫁いだのであるが、その結婚生活の中途において夫の愛を裏切り淫楽の生涯に顚落したのであり、ホセアはこのように自分に対し不節操となった妻に関する苦悩を結婚の当時にまでさかのぼらせて考えたものであろう。このように考えることが物語を全体的に解釈する上に最も妥当であると思う（キッテル）。

ホセアの妻ゴメルがどのような性質、またどのような境涯の女であったにせよ、彼の宗教経験はその不幸な結婚生活によって鍛錬せられ浄化せられた。また彼はそむかれた妻に対する苦悩を通じて、ヤーウェとイスラエルとの破れた関係を身にしみて感じることが出来たに違いない。そしてここに彼が認め得たものは、ただイスラエルの不真実と忘恩とのみであった。しかし彼の結婚生活における深刻な経験は、決して無意義な不幸ではなかった。彼はこの苦い経験を通して、ヤーウェのイスラエルに対する怒りと嘆きとを感じることが出来たのである。その故にこそ、後に淫行の婦人となった少女ゴメルを妻として迎えることを、ホセアは神の厳粛な命令として受けいれることを得たのであろう。

しかし注意すべきは、ホセアの不幸な結婚が、彼をして予言者たらしめた直接の動機であると解してはならぬことである。彼の悲劇的な実際経験は、彼の信仰を十二分に鍛えたのであると思われる。しかし彼はこの経験を通して予言者たる召命を受けたとは記されていない。否むしろ彼の予言者たる召命意識は、不幸なる結婚に先立って与えられたと考える方が正しいのではないか。ホセアの家庭における悲劇は、彼の召命に対し、これを裏書すべき実際の経験を与えたものであると思われるのみである。

3　神　観

ホセアは愛の予言者と称せられる。すなわち彼は宗教を神の愛において見た予言者である。信仰を愛において考えたのは彼である。恐らく旧約の宗教思想史上、彼ほど宗教における本質的のものが愛であることを深く洞察した者は他にないであろう。彼はあらゆる点において彼の先駆者アモスと対照的な位置に立つ予言者であるが、特にその神観において彼らの対照は著しいようである。アモスの神は峻厳な正義の神であった。正義の前にはイスラエルも、その友邦も、或いは敵国も、平等無差別であった。しかるにホセアの神は愛である。しかもその愛は神ヤーウェと民イスラエルとの関係において特に強く考えられた。ロバートソン・スミスは言う、「アモスは宗教を道徳の上に置き、ホセアは道徳を宗教から演繹（えんえき）したと、近代的に言っても失当でないであろう」と。しかし誤解してならぬことは、彼らの各々が、或いは神の本質を正義と見、或いはこれを愛と観じたのではないことである。むしろ同じ本質の神がアモスには正義として働き、ホセアには愛として働いたと考える方が正しい。予言者らの関心は神の活動如何にあり、その本質如何ではなかった。神の本質は彼らにとり近よるべからざる「聖」である。ホセア自身もヤーウェは「聖なる者」なりと断言している（一一・九。この節が果たしてホセアの筆になるか否かについては異論があるが）。宗教を常に現実の姿において見る予言者らは、神の存在もしくは本質について議論を戦わす思想の余裕はなかった。ヤーウェの存在如何は彼らにとって最初から問題ではなかったのである。後世ヨブ記或いは伝道の書等において、神の正義に関し疑問が提出せられたが、このような場合にも、神の存在についてはついに彼らの信仰を動揺させることなしに終った。

ホセアは愛という宗教的観念をヘセドというヘブル語をもって表わしている。ヘセドとは神の側より言えば無限の恩寵であり、イスラエルはこの恩寵を通して、その国家も宗教もすべてのものを与えられた。これを人間の側から見れば、神の恩寵に対する応答である。すなわち誠実をもって神の善なる意志に応える態度と行為である。一言にして言えば誠実を帰結とする真の愛であり、愛は節操にほかならぬ。アモスにおける「正義」と「公道」とが、単なる社会道徳的意義よりさらに深い内容、すなわちヤーウェとイスラエルとが占める正しき宗教的関係を意味したように、ホセアにおいても彼のいう「愛」は、人間的親愛の感情よりさらに根深い関係、すなわち「人間の神に対する正しい態度であり、またこの所から結果する道徳的責任のいっさいである」（ロバートソン・スミス）。アモスにおいて正義とは単なる倫理的規範ではなかった。それは諸徳の基礎、イスラエルをして善なる生活を営ましめる促進力であったように、ホセアにおいても愛はヤーウェに対する道徳的責任の根柢であり、イスラエルの道徳生活は、実に神の無限の恩寵に対する民の応答に発するものである。ホセアにおいてイスラエルは単に神の王国、すなわちその支配する領域たるに止まらない。イスラエルは実に神の家庭である。この家庭において、神と人、人と人とは一つの愛の内に包まれねばならぬ。神に対する愛は、同時に人に対する愛であり、神と人とは一つの綱、すなわち愛において連なっている共同体である。しかも愛の動機は実に神自身の本質から発する（ウエルシュ）。ヤーウェのイスラエルに対する愛は、イスラエルのヤーウェに対する感謝と節操に先立つ、すなわち愛の創意（イニシアティブ）は神にある。イスラエル人のその隣人に対する愛は、神の愛に促がされて発する善行である。ホセアがアモスに比してさらに深い宗教人、否、或る人々によって旧約における最大の宗教者と言われる理由はここにある（コルニル）。アモスにおいては善の実践がイスラエルの存続の根拠であった。彼によれば善を求めることとヤーウェを求めることとは一つであり、イスラエルは善を求めることすなわちヤーウェを求めることによって存続の理由を与えられる（アモス五・一四、五・四）。アモスによって説かれた善の内容が何であれ、或る人々により彼の宗教がなお律法的と言われるのはこのためである。すなわち彼はヤーウェの名においてイスラエルに対し、善の実践を要求したのであるが、同胞が善なる生活を営まざるを得ざる動機については未だ触れなかった。しかるにホセアにおいて神と民との関係は、ヤーウェの無限なる恩寵と、これに対するイスラエルの真実なる応答である。ヤーウェはイスラエルにいっさいのものを与えた。それ故イスラエルはただヤーウェにのみ依存すべきである。ホセアがしばしばエレミヤの先駆者とせられ、また新約の神観に重大な貢献をした予言者とせられる所以はここに存する。善なる行為は神の愛に対する感謝であり、奉仕である。

4　罪　観

旧約の予言者中ホセアほど深い罪観を抱いた者は他に稀である。彼がイスラエルの罪を責める時、常にその根柢を鋭く突いている。アモスにとって国民の罪は善を追求することの忘却、換言すればヤーウェの意志或いは目的を実現することの失敗であった。しかるにホセアにとって彼らの罪はヤーウェの無償の恩寵に対する不誠実な態度であった。彼はイスラエルのヤーウェに対する反逆の姿を、彼の不貞の妻ゴメルにおいて見いだしている。彼によれば、イスラエルは実に、ヤーウェにむかって貞操を守らず、ほかの男の子を生んだ乱倫の妻である（五・七）。夫たるヤーウェは新婦イスラエルを迎えるためにすべてを備えた。すなわちヤーウェは、一人の予言者モーセを立てて、イスラエルを奴隷の家エジプトの国より贖（あがな）い出した（一二・一三）。そしてこれに蜜と乳との流れるカナンの国土を与え、穀物と酒と油とを賜うた。ヤーウェは実にエジプトを出でてよりこの方、イスラエルの唯一の神であったのである（一二・九）。しかるにイスラエルは真心をもってヤーウェを呼ぶことをせず（七・一四）、その愛情は朝の雲のごとく、またたちまちに消える露のようにはかなく淡いものであった（六・四）。地より生まれ出るすべてのもの、金銀さえもヤーウェが彼らに与えた賜物であることを彼らは悟らない（二・八）。そしてイスラエルはパンと水と羊の毛と麻とを求めようとして、愚かにも恋人バアルに付き従おうとする（二・五）。ゴメルがほかの男のために生んだ姦淫の子らが、ホセアによってロルハマ（憐れまれぬ者）またロアンミ（我が民に非ざる者）と象徴的に名付けられたように、イスラエルがバアルのために生んだ私生児は、一つにはその宗教的堕落であり、二つにはその政治的混乱であった。イスラエルはもはやヤーウェの妻、またその子として認められざるに至るまでにその国民生活は危機に瀕していた。

ホセアは神と民との関係を夫と妻とに譬えるだけでなく、これを父の子との関係にもなぞらえている。一一章一節以下は、父のその子に対する切愛の情を豊かに表わした言葉として、旧約聖書中最も人の心の琴線に触れる銘句である（T・H・ロビンソン）。父なるヤーウェは幼子エフライムに歩むことを教え、その腕に抱いてこれを愛育した。イスラエルの幼なかった時、これをエジプトから呼び出した者は彼らの父ヤーウェである。しかるに彼らはヤーウェを知らないと言う（一一・一）。

神と人間との関係を夫と妻、特に父と子との関係によって表わしたのは、必ずしもホセアの創意によるのではない。すでに原始的自然宗教の中にもこれと同じ観念が含まれている。すなわち大地は自然物を生産する力を保有するが故に、この神秘的な力を礼拝する民族にとって、それは父でもあり夫でもあった。そして古代のパレスチナにおいて、このような自然力が神として礼拝せられた者こそバアルである。しかるにホセアがこのように原始宗教において一般に用いられた用語をとって、これに新しき内容、すなわち人格的な意義を付与したことは、実に彼の大いなる貢献であった。原始宗教において父と子、夫と妻との関係は、大地と人間との関係の如く自然的な必然関係に過ぎない。しかしホセアにおいては、その民にいっさいの恩恵を与えるヤーウェとこれを受けるイスラエルとは、どこまでも人格的な対立関係をなしている。「ホセアによれば、ヤーウェはイスラエルがその子であるためにこれを愛したのではない。神がイスラエルを愛したが故に、これを子として受け容れたのである」（ロバートソン・スミス）。両者の特別な関係は自然的なものではなく、契約的なものである。イスラエルはヤーウェに選ばれて初めてその子とせられたのである。このようにイスラエルがヤーウェの子とせられたことは、民は神に対し信頼と服従との関係において連なるべきことを意味していた。ホセア自身の言葉によれば、イスラエルはヤーウェを、もはやバアリ（私のバアル）と呼ばずにイシ（私の夫）と呼ぶべきであった（二・一六）。

イスラエルの罪は、忍苦の夫にして慈愛の父なるヤーウェに対する反逆であり忘恩であった。換言すれば出エジプトに出発するヤーウェとイスラエルとの人格的な契約関係を破壊したことであった。そしてこの罪が具体的に現実となったものに二つある。一つは偶像礼拝であり、他は他国に対する政治的依存である。

偶像礼拝、特に金の子牛の礼拝がイスラエル宗教史上論争の中心問題とせられたのは、けだしホセアの鋭い洞察によるものである。我々はすでにアモスにおいてこの問題に言及した暗示を見いだす（アモス三・一四）。しかしこの暗示が果たして金の子牛を意味するものであるかどうか、そのことについては学者の意見が区々である。ホセアはイスラエルの宗教生活が頽廃した根本原因を偶像礼拝に求めた。ことに、子牛の礼拝が彼の論難の中心題目であった。ヤーウェを牛によって象徴する礼拝形式が、何時頃からイスラエルに始まったかは明らかでない。南北両王朝分裂の直後、エロボアム王は金牛をベテルおよびダンの聖所に安置し、国民をしてこれを礼拝せしめている（I列王紀一二・二八以下）。そしてこの金牛礼拝はしばしばバアル的自然宗教と結び付けられた。或いは金牛礼拝の起源そのものが、バアル宗教にあったのかもしれない。少なくともホセアは偶像とバアルとを同一物と考えていた（一一・二）。何となれば原始宗教においては、牡牛は生殖力を象徴する動物として礼拝せられている。換言すれば、自然宗教であるバアル宗教と人格宗教であるヤーウェの信仰とが、最も手近に結合せられた形が金牛礼拝であった。すなわちホセアは宗教混淆の最もよき代表物をこの礼拝のうちに見いだしたのである。「罪悪はホセアにとって中心問題であり、北イスラエル国の祭儀に関するものである。人々はヤーウェに仕えた。しかしこのヤーウェはエジプトからイスラエルを導き出したヤーウェではなく、バアル・ヤーウェである。ホセアにはこのバアル・ヤーウェをイスラエルの神として認めることは出来ない。彼はこの宗教混淆をば、その全精力を傾けて反対している」（ノワック）。ホセアにとってサマリヤの子牛は忌みきらうべきものであった（八・五）。何となれば、それはイスラエルから出た工人の造った物であって、神ではないからである（八・六）。イスラエルはサマリヤの金牛の前に犠牲を献じ、什一を捧げ、神殿を圧する讃歌と、夜を徹する祝宴とによって、今や傾かんとするイスラエルの国運をヤーウェの庇護の下に置こうと努めた。しかし金牛はイスラエルが自分自身のために造った偶像に過ぎない（八・四）。偶像は要するに自己の欲求の幻影である。人間の欲求はよし如何に純化せられても畢竟偶像である。イスラエル人が自己の欲求のために、自分が手で造った金牛を拝するように、我々もまた、しばしば人間的欲求を幻影化した神に仕えようとする誘惑に陥る。偶像礼拝とは、自分の腹を神とし自分の恥を栄光となすことにほかならない（ピリピ三・一九）。しかしヤーウェの求めるものは偶像に捧げられた犠牲ではなく、愛情である。神を喜ばしめるものは、神を知ることであって燔祭ではない（六・六）。偶像はまことに忌みきらうべきものである。

　多くの旧約学者はこの一句を指してホセアがいっさいの犠牲、すなわち宗教儀式を全面的に排斥しようとしたものであると解釈する。しかしヤーウェの忌みきらったものは祭儀そのものではなくして、愛情なく神の認識なき宗教礼拝であった（ウェルシュ）。アモスにおいてすら祭儀そのものを悪として斥けたのではなかった。もし予言者の宗教をもって、いっさいの形式を排斥するところの純粋に精神的な信仰と解釈するならば、それは行き過ぎた謬論と言わねばならぬ。事実ホセアはアモスよりも深くイスラエルの祭儀に対し関心を持ち、より多くその堕落を憂いている。誠実をもってする霊的礼拝はモーセの幕屋に始まり、砂漠におけるイスラエル人は偶像を用いなかったものであろう。この点に関し、旧約の予言者と律法記者とはイスラエル古代の歴史についての見方を異にしているが、我々は予言者の見解をもって史実により近いものであると考えたい。しかし砂漠時代において、イスラエル人がいっさいの宗教儀式を持たなかったとは考えられぬところである。ホセアもまた出エジプト時代の純一なる宗教礼拝に帰することをもって理想としている。彼が排撃したものは金牛によって象徴せられた宗教混淆、すなわち四章一三節以下に記されているような文字通りの性的乱脈を伴う宗教儀式であった。彼は実にコルニルの言うように「神の礼拝と自然の礼拝との宗教的分離を要求した」予言者である。

イスラエルの第二の罪は国政の紊乱(ぶんらん)である。ホセアの時代における北イスラエルの政治的混乱はホセア書四章以下に記されている。我々はここに国内の政治の腐敗と外交政策の失敗とを如実に発見する。政治家は日夜陰謀を事とし、「悪をもって王を喜ばせ、その偽りをもって君たちを喜ばせる」ことに汲々とし（七・三）、しかも機を窺い虚に乗じ猛然と立って王位を簒奪しようとする。その状はあたかも炉で焼かれるパンの如く、政界は日夜紛争をもって事とし、何人も救いをヤーウェに求める者はいない（七・七）。彼らは正義の神の存在を忘却し、政権を奪取するためには如何なる権謀術策を弄するも恥とせぬのである。ただ見るものは、呪い、偽り、人殺し、盗み、姦淫のみ。相互に他を襲い、血をもって血を洗う恐怖政治であった（四・二）。宗教に専念すべき祭司もまた国政に介入し、しかも彼らは山賊の群れの如く姦悪を喜び（六・九）国民を善導することを忘れ、律法を無視し、民を迷路に導いて自らを怪しまない（四・九）。何故このようにホセアは峻烈なる言葉をもって当時の政治を糾弾したのであるか。彼によれば、王も、君も、イスラエルが自分たちの利害のために立てた者であって、ヤーウェによって立てた者ではないからである（八・四）。祭儀の場合のように、ホセアはイスラエル王国の制度或いは組織そのものを悪としてこれを攻撃したのではない。神はその目的を実現せしめるためにイスラエルに王国を与えたのである。イスラエルがヤーウェに選ばれて神の民となったのは、神の意志が行なわれるためである。ホセアに従えばイスラエルが愛情をもって神を拝し、また隣人に仕えること、ここに王国存立の意義があった。それ故、ツロのバアルの駆逐のために如何ほど熱心であったとは言え、暴虐の血によって立てられたエヒウの王朝はホセアの眼からは畢竟滅ぼされるべきものであった（一・四）。彼はこの朝廷の運命を呪うべく、彼の長子に象徴的な「エズレル」という名を付している。エヒウによる流血の政治革命は、ヤーウェの名においてエズレルの谷に行なわれたからである。

北イスラエルの政治的紛争は、ただに国内の問題としてのみ考えることは出来ない。そこにはすでにアッシリヤの陰影、エジプトの誘惑が延びている。前述の如くメナヘムはアッシリヤ王に媚を送ることによって王位をかち得たのであり、王ホシェアはエジプトの空しき後援を期待してアッシリヤに反抗し、北イスラエルを滅亡に導いたのである。ホセアが、「エフライムはひねもす風を牧し、東風を追い、偽りと暴虐とを増し加え、アッスリヤと取引をなし、油をエジプトに送った」と言っているのは実にこの事である（一二・一）。イスラエルがヤーウェの意志を忘却して自分のために王を立てたように、彼らは祖国の創設者なるヤーウェに頼ることを忘れ、異国の力によって一時的糊塗と安逸を計ろうとする「愚な鳩」であった。自分のために王を立てることは畢意自分に頼ることであり、そして他の国に恋をひさぐことは結局ヤーウェ以外の者を待つ心であった。「エフライムは我が神にならべて他神をも佇望めり」*とホセアは嘆じている（九・八、文語訳）。古代において、他国特に強大国と政治的連盟を結ぶことは、やがてその宗教を取り容れることであった。一国の政治問題はこのようにしてその国の精神生活を影響するところ甚大なるものがある。我々はイスラエルの歴史におけるこの著しい例を、アハブ王とツロの王イトバアルとの間の連盟においてこれを見た。アハブはツロの王女イゼベルを迎えることによってシリヤに対する攻防の連盟を策した。しかしこの事はやがてフェニキヤのバアル礼拝を北イスラエルに輸入する原因となったのである。すなわち政治的に他国の力に頼ることは、その国の神に頼ることを意味したのである。恐らくホセアの絶叫したようにイスラエルの神ヤーウェのみに頼ることは、当時急迫せる国状に直面していた政治家から考えて一見甚だ時宜に適しない迂遠の策であるかに思われたに違いない。しかし我々が信仰によって生きようと決断する時、我々もまた困難と戦い、しばしば迂遠なる方法によって正しい道に進まねばならぬ。しかるに我々は常に人間的考慮をめぐらして眼前の困難を手軽に切り抜けようとする誘惑を感ずる。しかしこのような選択は自己に頼ることであり、神以外の人の力にまつことである。換言すれば神の恩寵を裏切り、神に対する節操をみだすことである。我々はホセアにおいて、最もよく旧約の神が愛の神であると共に嫉みの神であることを知る。ホセアは彼に不貞であった妻ゴメルを悲しむように、神に不真実なエフライムを怒る。彼にとってゴメルの罪も、イスラエルの罪も、愛と真実に対する無節操と姦淫であった。「あなたはわたしのほかに、何ものをも神としてはならない」と戒めているモーセの十戒（出エジプト二〇・三）の精神はホセア書全篇にみなぎる根本的な精神である。

＊　原文を直訳すれば、「エフライムの見張りはわが神と共にある」。英改正訳は、「エフライムはわが神と共に見張りであった」、もしくは、「エフライムはわが神と共に見張る」。アメリカ改正訳は、「予言者はわが神の民エフライムの見張りである」。チューリヒ聖書には、「エフライムは予言者に対して待ち伏せする」とあり、英欽定訳は直訳的である。原文の解釈は以上のように区々であり、文語訳はどのような解釈によるものか不明であるが、今はそのままにしておく。

5　審　判

ヤーウェに無節操なイスラエル、神の無限の恩寵を空しうした民は当然処罰せられるべきであった。ゴメルが夫以外の他の男を慕うて捨てられ、ついに淪落の淵に身を沈めたように、イスラエルもヤーウェを捨て、或いはアッシリヤに心をよせ、或いはエジプトに思いを通わす事により諸国の嘲笑を受けざるを得ない（七・一六）。蠹の如く、腐朽の如く、頽廃したイスラエルを待つものはただ滅亡のみである（九・一六、一七）。我々はしばしば旧約の予言者がウェルハウゼンらにより「暴風鳥」であったと説かれているのを見る。その理由とするところは、予言者がイスラエルに対する神の審判の手をアッシリヤにおいて見たと言うのである。海鳥が暴風雨の来るを予感し、島影を求めて飛び去る運動によって、船人もまた港を指して走り帰るように、イスラエルもまた予言者の警告によって北よりの災いが近づくのを知ったのであると説明する。すなわちイスラエルの予言者は国際政治の先見者、北方から捲き起こりつつある戦雲を凝視する見張りということになる。しかし事実はアモスにおいて、一回もアッシリヤという名の挙げられていないように、ホセアにとっても神の審判の手はアッシリヤであるか、或いはエジプトであるか判然としないのである。「彼ら（イスラエル）は主の地に住むことなく、エフライムはエジプトに帰り、アッスリヤで汚れた物を食べる」とホセアは言っている（九・三）。彼は審判の結果としてイスラエルの捕囚を予想しているが、捕囚の地がアッシリヤであるか、或いはエジプトであるかは、彼には明瞭でない。むしろ審判後におけるイスラエルの運命は、「もろもろの国民のうちに、さすらい人となる」ことであった（九・一七）。それ故我々はイスラエルを審判する者はヤーウェ自身であってアッシリヤでないことを知る。審判に関する予言者の関心の重点は、ヤーウェの意志であって、これの実現に用いられる手段ではない。彼らにとって自明なことは、イスラエルがヤーウェに犯した罪と、この罪の直面すべき審判の必然性であった。

　このように故なくしてヤーウェの聖き愛を汚したイスラエルは、神自身の審判の座に坐らねばならなかった。ホセアの神は愛の神であり、その愛は汚されたままに捨て置かれることを許さない。しかし彼によれば、ヤーウェは愛なる人格であるが故に、神の審判は決してイスラエルの最後的滅亡を意味しない。何となればヤーウェの審判はそれ自身を目的としないからである。ホセアが、淫楽の結果、人に捨てられた彼の妻を銀十五枚と大麦一ホメルをもって贖い帰り、再び彼の家へ迎えたように（三・二）、ヤーウェもまた、「あわれまれぬ者をあわれみ、わたしの民でない者（すなわちイスラエル）に向かって、『あなたはわたしの民である』」と赦し、受け容れる愛の神である（二・二三）。ホセアの愛がその妻の態度如何に由らず不変であった如く、ヤーウェの恩寵もイスラエルに対し不動であった。ウェルシュは言う、「責罰はそれ自身不変な愛のすべての結果であった」と。放蕩の息子は父の愛を裏切って放浪の旅に上った。しかし身も心も破れ果てた無頼の子の悔罪を認め、再びこれを自分の家に賓客の如く迎えた者は愛子（まなご）に叛（そむ）かれ傷ついた父であった。イエスの父なる神は、またホセアの神なるヤーウェであり、ホセアもまた新約宗教の偉大なる先駆であったと言えよう。

多くの旧約学者はホセア書におけるイスラエルに対する「慰めの予言」を後世の付加物として一蹴し、彼をもいわゆる「災厄の予言者」の一人として数える。しかし近時或る者はかつてホセアの予言ではないとして排除せられた部分を、再び彼のものとして認めようとする傾向にある。我々もまたホセアの神観、すなわちヤーウェのイスラエルに対する神の憐れみから推測して、祖国の将来に対しホセアは輝く希望を抱いていたことを信じたい。ホセアの関心の重点がもしアッシリヤの政策、特にこの国の西方アジヤの侵略にあるならば、彼の心はイスラエルの未来に対して絶望的であることがむしろ当然であった。しかし予言者の凝視の焦点はアッシリヤではなく、常にヤーウェの意志であった故に、彼らは最後まで希望を失うことがなかった。この事はアモスにおいてもすでに然りであると思う。ただ彼においては未だ予言の前面に現われて来なかったものが、ホセアにおいては重要な役割を占めていることを我々は見る。このようにして我々はホセア書中第二章一四節以下、第一四章全体その他に点在する「慰めの予言」を排除する理由を認め得ないのである。イスラエルにとって審判は再びアラビヤの荒野に導き返されることであった（二・一四）。ここにはモーセの人格的宗教に基づく健全なる国民生活があり、犠牲多きをもって誇りとせざる純粋なる礼拝がある。イスラエルはヤーウェを指してバアリ（わがバアル）と呼ばずしてイシ（わが夫）と呼び得るのである（二・一六）。ヤーウェもまた罪赦されたイスラエルと「正義と公平といつくしみとあわれみとをもってちぎりを結ぶ」(二・一九)。このようにイスラエルはアラビヤの荒野に帰ることにより新しい出発点を与えられ、ヤーウェとの契約を新たにせられる。ヤーウェの審判はこのようにイスラエルにとって元始への復帰を意味した。

6 結語

我々はホセア書における神観と、旧約における唯一神観との関係を考え、本章の結びの言葉に代えたいと思う。前述のようにホセアは骨の髄からイスラエル人であり、その関心のすべては祖国の運命に投げかけられてあった。彼こそ真に国を愛した予言者であり、彼の神はあくまでもイスラエルの神ヤーウェであった。アモスにおけるヤーウェはイスラエルを支配する神であるのみならず、モアブ、エドム、アンモン、ペリシテをも審判する世界の神である(アモス一章)。ヤーウェにとっては神の選民たるイスラエル人も、侮蔑せられたエティオピア人も一視同仁である(アモス九・七)。その上、このヤーウェは天地を創造し、これを支配する創造神であった(四・一三)。しかるにホセアはヤーウェの普遍性について何事も語らない。このようにアモスはヤーウェについてその普遍性から見ているのであるが、ホセアはその特殊性から出発している。にもかかわらず彼が旧約における唯一神観への大きな貢献者の一人として考えられるのは何故であるか。その理由こそホセアの神観における人格的特質のためではあるまいか。アモスにおける神の正義は何処においても正義なるが如く、ホセアにおける神の愛は何人に対しても愛である。旧約宗教の特質はその無比なる道徳的人格性のうちに見いだすことが出来る。モーセに始まるイスラエルの予言者的宗教の根本基調は徹頭徹尾人格的宗教の主張であり、神秘的宗教の排撃であった。ユダヤ教神学者モンティフィオールは言う、「イスラエルの拝一神教は唯一神観に変わった。しかしそこには何等汎神論的混合を必要としなかった」と。自然宗教の合理化せられ、精神化せられたものが汎神論ではあるまいか。もしそうであるとせば予言者が自然宗教を排撃したことは、やがて汎神論の駆逐であったのである。自分の宗教として汎神論的なものを選ぶか、或いは人格神論的なものを選ぶかは、その人の任意である。ただイスラエルの宗教は人格に具体化した道徳性を主張することによって、普遍的宗教にまで発展して行ったことは争えない。そしてこの宗教の持つ神観が人格的であることは、予言者の信仰を通してかち得られたこともまた動かし得ない事実である。しからば何故旧約の宗教だけがこのように道徳的に特殊な発達をとげたのであるか。換言すればイスラエルの歴史のうちにのみ何故このように偉大な予言者が生まれたのであるか。それはもはや我々の思索を越える課題であり、啓示の観念を前提とせずしては説明しがたい謎であろう。何故旧約の予言者達はイスラエルの神であるヤーウェを、天地を創造し世界を支配する普遍神として主張し得たのであろうか。それは何故我らキリスト者がナザレのイエスを全人類の救い主として信仰するのかという問いに等しい。この二つの設問は、歴史性を主張する宗教が常に持つところの信仰の課題であろう。そしてこの課題は、ただ我々の信仰それ自身が解決し得るものであることは言をまたない。十字架と復活のキリストによって贖われたことを経験した者のみ、彼の神性を主張し得るのである。信仰における人格的倫理性を強調する予言者の宗教は、自然宗教的乃至汎神論的人生観世界観に強く反撥する。汎神論的宗教是か、人格的宗教是か、これは選ぶ者の決断的選択に任せなければならぬ。我々はホセア書の末節を引き、この章を終ろう。

「知恵のある者はだれか。その人にこれらのことを悟らせよ。悟りある者はだれか。その人にこれらのことを知らせよ。主の道は直く、正しき者はこれを歩む。しかし罪びとはこれにつまずく」(一四・九)。

イザヤの贖罪経験
――イザヤ書第六章の研究――

もしエレミヤを宗教的体験において最も深刻である予言者とすれば、イザヤはその神学的思想において旧約聖書中最も偉大な予言者と称することが出来よう。我々はこれを彼の神観のうちに見、贖罪観のうちに知り、また使命観のうちに窺う。我々は彼の神学の縮図をイザヤ書第六章、すなわち彼の贖罪経験もしくは召命経験の記録において見るのである。ここに描かれる経験を、或いは分析し、或いはこれより演繹することによって、彼の宗教の発展の契機が発見せられる。それはあたかもダマスコ門外における使徒パウロの回心が、彼の全神学の根本的動機であるのと同様であると思う。このような意味において、スキンナーがイザヤ書第六章を根拠としてイザヤの思想全体を発展的に解釈した方法は正しいと信ずる。我々もまたこの章の節を追い、句を尋ねて彼の信仰に触れたいと思う。

1　彼の見た幻

スキンナーが感嘆したように、「この章（イザヤ六章）は、その思想の壮大、その文体の堂々たる点において旧約聖書中無比なるもの」である。その荘厳なる語調、その豊富なる内容は、けだし全聖書中の白眉である。ここに描かれているイザヤの幻は、彼が予言者としての召命を意識せしめられた特別な経験である。故に彼の予言者としての活動は、実に第一節に記されている如く、ユダの王ウジヤの死んだ年に始まったと見なければならぬ。ウジヤ王は北イスラエルの王エロボアム二世とほぼ期を同じうして立った英邁の君主であった。この時代、北の国イスラエルも、南の国ユダも、国力とみに伸張し、その隆盛はダビデ王の昔を想起せしめるものがあったと言う。これは一つに両国特に北イスラエルにとって不倶戴天の仇敵であったダマスコが、メソポタミヤの支配者なるアッシリヤに圧迫せられた結果によるものであろう。しかし両国はその王がほぼ同時代に死去して以来、両国共に没落の一路をひたすらに急ぎつつあった。

英王ウジヤの死に直面し、前途暗澹たる国運を憂えて、イザヤが祖国のために祈ろうとして神殿に詣でた時、彼は突如としてイスラエルの神ヤーウェの幻を見た。ユダの民が「平安がないのに、『平安、平安』」（エレミヤ八・一一）と平安を謳歌する時、イザヤひとり平安ならざる予感に思い乱れた事であろう。イザヤの予言者的幻覚を心理学的に如何に説明すべきかの問題は、我々が今取り扱うべき範囲以外のものである。彼の幻がここに描かれた文字通りに経験せられたものであったかどうかは議論の余地があろう。ただ旧約研究者の一致して説くように、この章は彼の内的な宗教経験を、ただ象徴的に書き記したものではないということである。我々はイザヤもまたアモス、エレミヤらのように、予言者的幻覚のうちに神の啓示に接したことを信じたい。この種の幻覚は旧約の予言者に共通の現象であり、或る場合にはこのような幻覚の故に彼らは民衆より予言者としての資格を認められたほどである。また、予言者的恍惚の経験は、ただにヤーウェの予言者の特色とする現象であるのみならず、自然宗教の神たるバアルの予言者の場合にも見られる心理的発作であった。カルメルの山上に集められたバアルの予言者四百五十人が、身を割き、血を流し、琴を鳴らして一種の恍惚状態に入り、神に降雨を求めた事が列王紀に記されている（I列王紀一八章）。しかしバアリズムの予言者的恍惚状態と、ヤーウィズムのそれとの根本的相違は、彼がしばしば自然宗教的神秘経験に止まるに反し、これは予言者の人格を通じて倫理的に高められ、旧約宗教に独特な啓示観念にまで引き上げられた点にある。彼がしばしば低劣な占術に堕落したのに反して、これはヤーウェの人格的意志を明らかにするための媒介として用いられた。要するにこの内容の相違は、彼とこれとの神観の相違と距離に基づくものであろう。

2　神観

イザヤは、神殿のうちに高く上れる御座に坐するヤーウェを見た（六・一）。すなわちイザヤが幻の中に見たヤーウェは王者としての神であった。我々は旧約における神観が、まず王者としてのそれであることを注意したい。ホセアのようにヤーウェを清節の夫として、または慈愛の父として考えた場合もある。しかし旧約全体から見てヤーウェはイスラエルを支配する主権者、万軍のヤーウェであった。このように主として、また王者としての神観は、旧約において著しい特色の一つである。けだし旧約の宗教はイスラエル民族の宗教であり、宗教の単位が民族であったが故に、民族の指導者であるヤーウェが、その君主であったことはむしろ当然と言わねばならぬ。後世予言者エレミヤ、エゼキエルらを通し、また詩篇、ヨブ記において、イスラエルの宗教は著しく個人的となった。しかしなおかつイスラエル民族は、神の前に一人の人格として対立している事実を発見する。イスラエルの個人は民族の一員としてヤーウェの神を拝し得るのである。

さてイザヤの場合ヤーウェを囲む者は六つの翼あるセラピムであった（六・二）。このセラピムの起源が果たして何であるか明瞭ではない。砂漠に住むと伝えられた火蛇であると言われ、またエジプトの墓所を守るグリフィン（鷲の頭と翼、獅子の胴を有する獣）或いはアッシリヤの宮殿の入口を守護する怪獣だとも言われる。しかしイザヤ書に記されているセラピムが、或る人格を備えた天上的な存在であり、ヤーウェの従者をもって任ぜられていることはここに明らかである。シェイネは、セラピムが超自然的存在者として記されているのは、聖書中この場所においてのみであると指摘している。このセラピムが互いに声を交わし、「聖なるかな、聖なるかな、聖なるかな、万軍のヤーウェ」とたたえている。このようにイザヤの信じたヤーウェは王者なると共に聖なる神であった。アモスの神が正義、ホセアの神が愛であるように、イザヤの神は聖である。しかし聖（カードーシュ）という観念は必ずしもイザヤの創見にかかるものではない。むしろセム人種一般に行なわれていた神に対する感覚であろう。ロバートソン・スミスの説明するように聖とは元来「区分」或いは「距離」を意味する原始宗教の所謂タブーである。祭儀的に見て汚れた者が潔められずしては近づくべからざる神秘である。しかしそこには何ら倫理的な意味を含まない。イザヤは実にこのようなタブー的な聖感覚に、倫理的意義を与えた最初の予言者である。彼の罪観においても明らかなように、彼は決して罪を肉体的乃至（ないし）祭儀的な汚れとは考えていなかった。カナンの自然宗教においては、礼拝の対象が聖なるのみならず、この神に属するものもまた然りである。例えば、神に捧げられた供物は、聖として特別な意義が付与せられる。神殿のうちに祭儀の一部として売淫を行なった巫女もまた聖女（ケーデーシャー）であった。このような非倫理的な聖感覚に道徳的な意義を発見した者がイザヤである。イザヤにとっては「聖」は同時に「正」であった。彼は断言している、「しかし万軍の主は公平によってあがめられ、聖なる神は正義によって、おのれを聖なる者として示される」（五・一六）と。しかし前述のように、我々はイザヤもまたこの聖という語をもってヤーウェとイスラエル、神と人間との無限の距離感を表わしたことを注意せねばならぬ。スミスの言葉を借りるならば、「神と人間との無限と距離の恐ろしき対照」である。イザヤは、「エジプトびとは人であって、神ではない」（三一・三）と言っている。如何ほど信頼に価するように見えても人間は結局人間であって、神ではない。またホセアの言葉の如く人の手が造ったものは偶像であって神ではない（八・六）。人間の欲求は如何ほど昇華しても神にはならない。神は畢竟神であって、人間は人間である。神と人間との間の越ゆべからざる巨溝をイザヤは鮮かに意識しておった。オットーの有名な語を借りるならば、「絶対なる他者」とも称し得るのであろう。イザヤは偶像を表わすにエリーリームという語をもってしている。これは神ならざるもの或いは非実在という意味である。自我の投影である神は結局イザヤのいうエリーリームに過ぎない（二・八）。

「聖」という語をヘルマン・グーテは「万能」と訳している。彼によれば、イザヤの神は全能の神、すなわち力の力としての神であると言うのである。旧約の人々特に予言者において体験せられた神は、力としての神であった。すなわち、彼らの神は行為する者としての神であって、実体としてのそれではない。換言すれば彼らは思惟の対象として神を考えるという客観的な思考方法によらなかった。彼らが神を探し求める前に、神はまず彼らに自らを啓示する。ここに彼らの啓示観念の根柢がある。思惟としてよりは行為としての神、原理としてよりは人格としての神、宇宙は如何なる本質によって充満し、また万有は如何なる原理によって動きつつあるか。このようなギリシャ的な世界像は、ヘブル人にとってほとんど興味ある問題とはならなかった。彼らは最初から人格としての神の実在を信じ、またこの神が如何に世界を創造し、人類の歴史を如何に指導し、特にイスラエル民族をその目的実現のために如何に起用するか、ここに彼らの関心の重点があったのである。

イザヤは最も厳格な意味において唯一神教者であったと言われる。しかしこれは彼が理論として第一神教を確立したということではなかろう。彼はこれを口にすべくあまりにも強くヤーウェの唯一神なることを確信していたと考えるのが適当と思われる。事実、イザヤほど痛烈に異教の神々の非実在性を駁撃（ばくげき）した予言者はなかった。彼がこれをエリーリームなる語をもって侮蔑的に名づけていることによっても窺い知られる。故にイザヤによればヤーウェの栄光は、実に全地に満つるものがあった（六・三）。スキンナーは「聖」とはヤーウェの性質であり、「栄光」とはこの聖なるヤーウェの、世界に対する反映であると説いている。我々はここにイザヤの神観と、汎神論とのはっきりした区別を発見する。イザヤによれば、天地は神の聖を反映する被造物である。しかし天地或いは自然そのものが聖であるというのではない。換言すれば天地自然そのもののうちに神はないのである。イザヤの神は、アモスの神のように天地を創造し、またイスラエルの歴史を指導する神であった。そしてこの神はあくまでも自然および歴史から超越する人格的な神である。ヘブル詩人は自然を観賞する場合においても、これを神と人との関係に翻訳して歌っている。自然を自然そのものとして観賞することは彼らの趣味ではなかった。こうして、被造物である人間自身のうちに神なきが如く、人間の営む歴史経験のうちからも聖なる者は発見せられない。人間的宗教体験を山と積んでも、そこから神は生まれて来るはずはあるまい。「神と自然から離れて行動することは困難でもあり危険でもある。何となれば我々はただ、自然を通じてのみ神を認識するからである」と言った汎神論者ゲーテの慕い求めていた神は、聖書の神からは遥かに遠いことを感ぜしめられる。イザヤはアモスと共に天地の創造主、歴史の指導者である超越的人格神を、「万軍のヤーウェ」という語をもって表わしている。「万軍」が果たして何を意味するか、場合によって必ずしも一定していない。或いはイスラエルの軍勢、或いは天使の群れ、或いは天体諸星など種々なる解釈が可能である。しかし少なくとも、イザヤがこの一語によって、天地における唯一無二の神を意味したことは明瞭である。

このようにイザヤは厳格なる唯一神教者であった。しかし我々は同時に彼の信じた神がイスラエル民族の神ヤーウェであった事を忘れてはならぬ。イザヤはこれを「イスラエルの聖者」という独特の語によって表わしている。しからば何故猫額大の地に生長した一民族イスラエルの神ヤーウェが、全世界全宇宙の神であり得るか。これ実に論理の矛盾でなければならぬ。しかし、これは何故我々キリスト者にとりナザレの工人イエスが、全人類の救い主であり得るかという問いに等しい。我々はこの謎を論理の課題としては解き得ないと思う。何故全世界の神がイスラエルの歴史、特にその予言者を通して啓示せられたか、何故全人類の父なる神がナザレ人イエスのうちに自らを啓示したか、この二つの謎は宗教における歴史性を主張する旧約新約両宗教が永遠に負わせられた論理の矛盾である。しかしながら我々は、この謎を信仰の実際経験において解決し得ると思う。そしてこの矛盾にこそ我々の信ずる宗教の根本的な力が潜んでいるのではあるまいか。我々の信仰生活が真にキリストの十字架と復活によって生かされているかどうか、この確信こそこの問題を最も良く解決する有力な鍵であろう。

要するに、イザヤの信じたヤーウェは、天地の創造主にして歴史の指導者、倫理的人格にして絶対他者、全世界の神にしてしかもイスラエルの神であった。彼はこれを、「聖なる者」と呼んでいる。聖という観念はイザヤにおいて実に無比なものであった。デヴィドソンはイザヤの聖を説いてこう言う、「聖とは道徳的純潔以上のものであり、神に対する最高の名称である。すなわち神の超越的威力、その絶対なる神性を指す」と。

3　贖罪

セラピムがヤーウェの栄光を讃美する歌によって、神殿の敷居の揺り動くのを感じ、神殿は煙をもって包まれたのをイザヤは見た。煙は聖ならざる者に対するヤーウェの怒り、その反動と見る事が出来よう（六・四）。不潔なる者、罪ある者に対し、怒りをもって臨むヤーウェを見たてまつったイザヤは、ひたすらに恐れおののかざるを得なかった。この時彼は言う、「わざわいなるかな、わたしは滅びるばかりだ。わたしは汚れたくちびるの者で、汚れたくちびるの民の中に住む者であるのに、わたしの目が万軍の主なる王を見たのだから」

（六・五）と。旧約において人間が神を見る事は死を意味していた（出エジプト三三・二〇）。ヤーウェに仕えるセラピムすらも、その六つの翼のうち二つをもって顔を掩（おお）い、ヤーウェを見まいとし、他の二つの翼によって身体を隠し、ヤーウェから見られまいとして、わずかに他の二つの翼によって飛びかいつつあった（六・二）。恐らくイザヤはセラピムと共に声を上げ、栄光のヤーウェを讃美せんとする願いを禁じ得なかったことであろう。すなわち彼は汚れた唇を持つ彼自身に対する彼の怒りを経験したのである。ロバートソン・スミスによれば彼がまず意識したことは彼の唇がそうするのにふさわしくない事であった。しかしヘブル語の「言葉（デバーリーム）」とはこれを発する者の意志乃至目的とその行為とを意味する。そして唇の汚れとは人の目的と行為とが神の聖なる意志に一致しないことを指す。イザヤは言う、「これは彼らの言葉と行いとが主にそむき、その栄光の目をおかしたので、エルサレムはつまずき、ユダは倒れたからである」（三・八）と。イザヤはこのような汚れた民のうちに住み、彼自らも汚れの子であった。我々は今、当時の頽廃したイスラエルおよびユダにおける社会および宗教状態について述べる暇を持たぬ（この点につき彼自身イザヤ書第一章より第三章においてイスラエルの罪悪を痛烈に摘発し批判している）。ただ我々はここにイザヤが、民と我とをその罪悪の責任において一つであることを感じていたことに注意したい。イザヤの先駆者であるイスラエルの予言者達エリヤやアモスも、国民の宗教的道徳的罪悪を糾弾するに急であった。しかしウェルシュの鋭く指摘するように、彼らは自分自身を第三者の位置に置き、イスラエルがヤーウェから負うた使命を裏切る民の罪を批判し攻撃したのである。愛の予言者と称せられるホセアにおいても、彼は民の罪を自分の罪のように悩み苦しんでいるが、彼自身の罪はこれを問うていない。ひとりイザヤにあっては、彼が罪ある国民の一員たると共に、彼自らもまた罪びとでありヤーウェに対し反逆の同胞の一人として、彼もまた反逆の子なることを痛感したのである。恐らく倫理的罪悪を個人として経験した者は、旧約においてはイザヤをもって初めとするのではあるまいか。

実にアウグスティヌスの説く如く、信仰と罪観とは互いに、原因たり結果たるものであろう。罪観が深められることによって、我々は自分の罪から解放せられんとする欲求を切にする。このようにしてその解決の方法を求め、罪の救いを通じて救済の神を信ずる信仰を与えられる。道徳的人格宗教が、罪のことにつき喧しく言うのは、けだしやむを得ぬことではあるまいか。何となれば罪悪の徹底的な解決を与えることをその中心使命とすることこそ、この宗教の根本であるからである。キリストの神性と言い三位一体と言うのも、畢竟罪悪に対する深刻な苦悩あればこそ、またこれから解放せられんとする欲求が盛んであればこそ真面目に論ぜられる問題にほかならない。現代のキリスト教会において何故キリストの神性が軽んぜられるか、これ結局現代のキリスト者が罪に対し切実な苦悶を欠いているからであると、メーチェンは嘆いているが実に味わうべき言葉であると思う。罪の体験なくしてはキリストが神であるかどうかは結局閑問題である。ヘーゲルの三位一体が、如何に我々の宗教的経験から遠い歴史発展の論理的図式にすぎないかを見ても、思い半ばに過ぐるものがあろう。人格的な神、少なくとも主なるキリスト・イエスを信ずる信仰は、我々が実に自己の道徳的な罪悪を自覚し、これの解決のために努力せんとするところより発するものと思う。

しかし、罪の自覚は如何にして可能であるか、我々は果たして罪悪に対し戦慄する鋭敏な良心を持っているかどうか。罪観の深浅は決して犯した罪の種類またその大小によるものであるまい。罪を犯す度数の重ねられれば重ねられるほど、我々は罪に対する感覚の鋭敏さを失ってしまう。心の清い者ほどかえって悪に対しこれを鋭く感じる鮮かな良心を持っている。我々は生まれながらにして罪の子であり、罪に濁った目をもってしては到底自分の罪を罪として感じないほどに堕落している者ではあるまいか。実に徹底した罪観は正しい信仰を前提として初めて可能である。神の光に照らされて、我々の心の暗をはっきりと感じることが出来るのであろう。フォーサイスは言う、「神の存在、特にその働きに対する信仰なくして我々は徹底した罪観を持つことは難い」と。イザヤは聖なる神の前に立って初めて自己の弱小と汚穢とを感じた。我々の人間的な体験においてさえも自分の尊敬する人格の前に出る時、自己の劣弱を恥じる羞恥心を持つ。聖き人格との対立のないところに、深き罪の体験はあり得ないと思う。汎神論者が人間の道徳的罪悪に対し、往々無頓着であるのはこの故であろう。天才ゲーテはその最もよい例ではあるまいか。彼がその晩年において唱道した道徳は、畢竟ギリシャ的な諸徳に過ぎず、社会の秩序を保全する最高の道徳として禁欲を挙げている。彼自身の告白によれば、彼は、「詩人および芸術家としては多神論者であり、自然科学者としては汎神論者であった」。自然の力をそのままに人格化してこれを礼拝するものが自然宗教的なる多神論であるとすれば、この自然宗教を思想的に徹底したものが汎神論であろう。そして自然宗教はこれを如何に純化しても畢竟バッカスの信仰であり、パンの宗教である。人間の不道徳はバッカス的な宗教により助長せしめられこそせよ、罪の解決はこれによっては決して与えられない。汎神論的な信仰によって人生の無常と宇宙の永遠を感ずる心境に入ることはあろう。しかしこれによって道徳的罪悪より解放せられんと希望することは空しいのではないか。イザヤに超越的にして人格的、聖にして義なる神の確乎たる信仰があったればこそ、彼はこの神の前に立って自己の罪悪の滅ぼさるべきを痛感した。我々は罪の苦痛のどん底からキリストの十字架を仰ぎ、キリストの御顔の光に照らされて、初めて自己が無に等しいことを認めることが出来るのである。

罪はまた連帯の責任である。我々はこの点において旧約の予言者達に深く学ばなければならぬ。ホセアも国民の罪を自己の罪として感じた。イスラエルはヤーウェの前に一人の人格として立たしめられている。我々キリスト者は彼らほど祖国の罪悪に対して苦しむところの愛を持っているか。シナゴーグを中心として団結した人々の宗教たるユダヤ教から脱却し、イエス・キリストを救い主として信ずるに至ったパウロも、「実際、わたしの兄弟、肉による同族のためなら、わたしのこの身がのろわれて、キリストから離されてもいとわない」

（ローマ九・三）と痛言している。キリスト教は人格的、個人的な宗教である。しかし個人主義的な宗教ではないと思う。我々の信仰生涯は決して団体の精神生活に対する個人の責任の忘却に終ってはならない。教団のうちに、神に向かって反逆する友のあることはまた自己の責任である。自己の罪の他に影響することの激しきを恐れると共に、他の罪に関してはこれを自己のものとして神の前に悩む心がなければならぬと思う。教団の罰せられる時、自己もまた罰せられるはずである。祖国の滅びることはまた自己の滅びでもある。

このようにイザヤの心が罪の恐ろしさに圧倒せられた時、セラピムの一人が火ばしをもって壇の上から熱い炭をとり、これをイザヤの口に触れたと言う（六・六、七）。そしてイザヤの汚れた唇は潔められたのである。火は聖なるものの象徴であり、浄化の手段である。旧約の神がモーセに対し燃える焔のうちに現われたのは（出エジプト三・二）、ヤーウェが聖なる神であったからであろう。火はいっさいの不浄を焼き払う力である。ディルマンの言葉を借りて言えば、「地上の火が外的な不潔を焼き棄てるように、天上の火は罪の汚れを焼き払う。まず人の唇を、次に人間全体を」である。

イザヤにとって、彼の悪が除かれ、その罪の赦されたのは、彼自身の努力の結果ではなかった。聖にして全能なる神の前に立って、彼はただ自己の無力を痛感するほかはなかったのである。救いは神の側にのみある。我々に罪に悩む心の与えられるのも神の恵みであり、この罪の解決せられるのもまたその恩寵にほかならない。絶対の恩寵とはこのことであろう。

これはイザヤの側において捧ぐべき何らの犠牲を必要としない罪の赦しであった。我々が罪悪に苦しみ、これより救われようとして悶えればもだえるほど、かえってますます罪の深みに陥没する時に、突如として我々を罪の淵から救い出す力は、キリストの無償の恩寵でなければならぬ。救いの働きは実に福音自身の力である。

4 召命

罪を潔められセラピムの一人のようになったイザヤは、ここに初めてヤーウェ自らの声を直接に聞く資格を与えられた。最早セラピムの仲介を要せずに神と交通し得る。ヤーウェは問う、「わたしはだれをつかわそうか、だれがわれわれのために行くだろうか」と。その時イザヤは言下に、「ここにわたしがおります。わたしをおつかわしください」（六・八）と答えることが出来た。贖罪の感謝は同時に召命の責任である。汚れた身がひたすらに滅ぼされるという恐怖を感じ、罪潔められて、親しくヤーウェの御顔を拝することを許されたイザヤは、満腔の歓喜をもってヤーウェの栄光を讃めたたえようとした。しかしこの時、イザヤに与えられたものはイスラエルの民に行くべき使命であった。救いはそれ自身が目的ではあるまい。罪の救いはやがて赦された者が神の目的のために立つべき前提である。我々の救われるのは、決して魂の単なる平安や享楽のためではないはずである。神と共にあって神を楽しむことではない。自己の救いの経験を他のうちにも発見せんとする働きのためである。換言すれば、神の栄光を卑しい我が身において実現しようとする念願のためでなければならぬ。

贖罪の経験に徹底しない宗教運動は必然的に浅薄である。それは畢竟、人の業または人の工夫に過ぎず、そして神の創業ではないからである。しかし使命感なき宗教生活は魂の独善主義に過ぎない。このようなところに真の救いのあり得るはずがないと思う。我々はまず救われて伝道し得る資格が与えられる。しかし我々は伝道することによってまた救いを確実にするのではあるまいか。その関係はあたかも信仰と罪観におけるが如く一種の循環であろう。我々のように卑しい者も、神の器なることを自覚し得る時に、我々はますます救いと潔めとの欲求を持つことが出来る。何となれば我々の不徹底な信仰、軽率な一言一行が、友を傷つけこれを過つことに気づくからである。キリストと友との交通を妨げる者は実にこれを助けんことを願いつつある我自らであることを知る時に、如何にもして正しき信仰の人間、清き品性の者となりたいとの志を奮起せしめられる。伝道は実に救われた者、先に選ばれた者の責任でなければならぬ。予言者はヤーウェの声を反逆の民の中に叫ぶべく立たしめられた。予言者がこれを好むと好まざるとにかかわらざる神の強制である。「ししがほえる、だれが恐れないでいられよう。主なる神が語られる、だれが予言しないでいられよう」（アモス三・八）とはアモスの絶叫であり、「主の言葉がわたしの心にあって、燃える火のわが骨のうちに閉じこめられているようで、それを押えるのに疲れはてて、耐えることができません」(エレミヤ二〇・九)とはエレミヤの苦悶であった。

かくて伝道は、我々に負わせられた責任である。しかしこれは実に救いの感激からでる恩寵に基づくところの責任であることを忘却してはならない。真に救いを経験した者にのみ許される感謝の具体的行為である。故に伝道は決して不自然であってはならないと思う。恩寵に押し出された伝道のみ、まことに意義と価値とに満ちるものである。真理主張者たる資格を得るためには、我々はまず救われてあらねばならぬ。自己の罪に嘆き、涙の谷からキリストの十字架を仰ぎ見る謙遜な魂の所有者にのみ、伝道が許されてあるべきはずだと思う。罪潔められ神の大前に立つ資格を与えられた者のみ神の声を直接に聞き、イザヤの如く、「ここにわたしがおります。わたしをおつかわしください」と大胆に神の召命に答えることを許される。

5　審　判

九節以下はイザヤに与えられた使命の内容である。九節—一三節が果たして何を意味するか、旧約研究者によりて議論のわかれるところである。そしてその疑問の中心は、九節および一〇節にあるように思われる。何故ヤーウェはこのような逆説的な使命をイザヤに与えたのであろうか。(イ)或る者はイザヤがその後年における苦い伝道の経験、すなわちイスラエルの悔改めを絶叫したのに何ら報いられなかった失望を、召命の経験の当時にまでさかのぼらせたものであると解する。㈺また或る者はイザヤは神の言葉を伝えることによってますます民の心を頑にし、イスラエルの精神生活をしてまったくヤーウェの警告を無視する危機に立たしめ、かくすることによって神の審判の到来を一日も早く招く意図に出たものと解する。イザヤはイスラエルの民を指して「この民」（六・九）という侮蔑的の言葉さえ用いている。イザヤの伝道がかえってアモスのいわゆる「主の言葉を聞くことのききん」（八・一一）にまで至らしめることを意味したのであるとするのである（スキンナー）。我々は二つのうちいずれの解釈がより正しいかを知らない。しかし我々はイザヤがはなばなしい伝道の勝利の夢に促されて予言者として立ったのでない事を明らかに察知する。むしろ彼の予見したものは全イスラエルの滅亡であった。換言すれば彼の伝道の失敗である。神の審判の手がこの場合、はたしてアッシリヤに限られていたかどうかは明らかではないが、ただ一一節および一二節に記されているような国家の荒廃と民の捕囚は、彼の召命経験の当初から明らかであったところの予見である。イザヤは必然的なヤーウェの審判の到来を予告せんがために立たしめられたのである。我々キリスト者もまた伝道の勝算歴々たるが故に伝道しつつあるのではあるまい。むしろ神の言葉の如何に人々の心に入り難いかを知るが故に、ますます伝道の一路に邁進せねばならぬわけであろう。故に伝道は背水の陣を張った冒険でなければならぬ。勝を得ると得ざるとに論なく、我々は伝道すべきである。パウロの言葉のように、伝道せざるは我々の禍いなるが故に、これを敢てするのである。祖国の精神生活の現状が暗ければ暗いほど、我々の宗教運動の必要なことを痛感する。またキリスト教の勢力が日に非なればこそ、我々のような力乏しい者も選ばれてある理由を発見する。伝道とは、要するに、キリストの十字架に殉ずる決心とその行為とでなければならぬ。

希望薄く多難なる予言者の生涯を予感してイザヤの心はひるんだ事であろう。またただ神の審判の日を待つイスラエルの民に対し、彼もまたその一員として悲痛の感を抱いたものと思われる。ここに彼は「主よ、いつまでですか」（六・一一）と問うている。しかしヤーウェの審判の予言は徹底的であった。数度の災害によって来るものは国家の壊滅と国民の捕囚とのみである。残された十分の一の民もまた審判の火に呑み尽されなければならぬ（六・一三）。そのさまはあたかもテレビンの木或いはかしの木の切り倒されるようであるとイザヤは記している。スキンナーの私訳によれば次の如くである、

「しかもなおそのうちに十分の一残らん
そは再び火をくぐらざるべからず
あたかもテレビンの木およびかしの木の如く
これらの切らるるとき、木株残るべし
その木株は聖き種なり」。

一一節―一三節はヤーウェの審判の予言である。審判の思想は、旧約の予言者において一条の赤線の如く縦に貫通する信仰であった。罪あるイスラエルが罰せられ滅ぼしつくされる時、新しいイスラエルはその荒廃の国土に再び始められるのである。ホセアによればイスラエルが再び砂漠の出発に立ち帰ることであった（二・一四）。後年イザヤは明らかに神の審判の鞭をアッシリヤにおいて認めておったが、彼によればアッリシヤもまたヤーウェの「怒りのつえ」に過ぎない（一〇・五）。神の審判そのものはアッシリヤの軍勢の来襲よりはさらに大いなるものがある。すべてヤーウェに対し驕りたかぶる者は自然も人間も共に低くせられ滅ぼされてしまう。その日こそいっさいのものが打ち砕かれてヤーウェのみが高くせられる審判の日である（二・一一）。イザヤもまたアモスの如く、ヤーウェのイスラエルに対する審判を天地覆滅の一部として考えていたと思われる。

イスラエルを審判する者はヤーウェ自身であり、アッシリヤはその用具に過ぎなかった。多くの旧約研究者は第六章一三節の末句、「聖なる種族はその切り株である」を後世よりの挿入句として削除してしまう。ギリシャ訳にはこの一句は事実欠けている。かくすることによって、イザヤはその召命経験において、ヤーウェからその民に対する絶対の審判を告げられ、その将来に対し何等希望を抱くことを許されなかったように解釈しようと試みる。しかしよしこの一句をギリシャ訳に発見することができないとしても、イザヤ書の他の部分に記されている彼の予言、或いは彼の生活態度そのものより推して、彼にもまた「残れる者」の思想が召命の当初より与えられてあったことを我々は信じようと思う。紀元前七三五年シリヤ・エフライム戦争の際、ユダの王アハズがアッシリヤの来援を乞おうとした時、イザヤはその子を伴いエルサレムの水道を点検しつつあった王に面会し、彼の外交策がヤーウェの意に適わざることを直言せんとした。彼の子の名こそシャル・ヤシュブ（残れる者帰るであろう）（七・三）であった。ウェルシュの指摘しているようにこの子はすでに父と共に歩く年頃であったのであるから、彼の誕生は少なくとも数年以前でなければならぬ。そしてイザヤの召命の幻は、ウジヤ王の死んだ年、すなわち紀元前七四〇年に経験せられたものであるが故に、イザヤは彼の長子の生まれた時、すなわちほぼ彼の召命の当初からイスラエルの「残れる者」の希望を抱いていたと推定することが出来る。或いは彼が後年イスラエルがまったくイザヤの叫びに耳を掩った時、数人の弟子を周囲に集め、この少数よりなる団体にのみ将来の希望を托し、彼らの教育に専心したように、この予想をば彼の召命の経験の場合においてすでに感じたものと解することも出来よう（八・一六）。

前述のように、審判の思想は旧約予言者に特有の信仰である。予言と審判とは影の形に添う如く不可分離の関係にあることを我らは知る。しかし救いを予想しない審判が無意義であるように、希望のない審判の予言はあり得ないと思う。予言者は来たるべき暗黒の内に微かではあるが黎明の微光を認めることが出来た。勝算はないが希望はあった。これが「残れる者」の思想である。デヴィドソンは言う、「イザヤの使命には二面ある。まず荒廃であり次に贖い、まず壊滅であり次にこれを通じての救いである。これこそ幻において彼に起こった事の対立である」と。バアルに膝を屈しない七千人がエリヤに与えられたように（I列王紀一九・一八）、イザヤも切り残されたテレビンの木、またかしの木の木株より萌えいでるべき聖き種の成長に最後の希望をかけつつ、予言者の生涯に出発したことであろう。アモスにおいて極めて微かであった「残れる者」の思想はこのようにイザヤにおいて発展せられ、インマヌエル（神我らと共にあり）の希望にまで成長せしめられた。予言者の宗教は事実少数者の信仰であった。真剣な精神運動、特に真面目な宗教運動が、常に少数者によって始められることは見やすい道理である。峻厳な人格的道徳宗教を宣伝しようとする我々の団体が、常に少数であることは残念ではあるがけだしやむを得ぬことである。我々は少数者なるが故に思い上がる排他的精神を抱くことを極力慎しみたい。しかし少数なるが故に徹底して真実な伝道をなし得ることを感謝せねばならぬ。イザヤが「残れる者」のうちに新しきイスラエルを望み得たように、貧しくはあるが我々キリスト教徒の団体の内に神の国の萌芽を発見したい。「小さき群れよ恐るるなかれ」である。

ミカの宗教思想

1　序　言

人は予言者ミカの宗教において、何らの新しいものを見ないと言うが、或いは然りであろう。彼にはアモス、ホセア、イザヤのような独創的な神観はない。またエレミヤのような深刻な宗教体験もない。だから学者は旧約宗教史を書くにあたって彼に多くの頁を割く事を惜しむ。しかし彼もまたイスラエルの偉大なる予言者であり、彼において旧約の宗教は最も美しいその縮図を見る。彼ほど簡潔なる文字のうちに予言者の信仰の精髄を表現した者がほかにあろうか。すなわち言う、

「人よ、彼はさきによい事のなんであるかをあなたに告げられた。主のあなたに求められることは、ただ公義をおこない、いつくしみを愛し、へりくだってあなたの神と共に歩むことではないか」（六・八）。

予言者ミカの偉大さは、彼が追随者(エピゴーネン)として傑出していた点にあり、「彼の論争は全然先輩の軌道を走っている」ところにある（ヘルシャー）。彼は謙遜と誠実と洞察とをもって先人の教えを味読し、その特色を鋭く把握した。ミカ書によれば彼らの宗教の真髄は結局三つのものに要約することが出来る。すなわちヤーウェがイスラエルから求めているものは正義であり（アモス）、愛であり（ホセア）、また神の前に謙遜であること（イザヤ）であった。しかしミカは決して先輩の独創的なる思想をただ機械的に接合したのではなく、彼らの思想のうちからその最もすぐれたものを採り、これを彼自身の信仰のうちに鮮かに活かしたのであると考えたい。万人が天才たり独創者たることは許されない。しかし神に仕える途はすべてが独創者たることにあるのではない。天才たることは求めてかち得らるべきものではなく、むしろ神から与えられる賜物である。神は種々なる器を通してその栄光を現わし給う。或る人は五タラント、また或る者は一タラントの神よりの賜物を感謝して受け、これに応じる良き働きをなすべきであろう。神に仕える途は決して一様ではない。カルヴィンにベザあり、ルターにメランヒトンがあったように、ミカの存在もまたイスラエルの宗教史において決して無意義無用なものではなかった。

2　彼の人物と時代

聖書は彼をモレシテ人ミカと呼んでいるが（一・一）、ミカは詳しく言えばミカヤであり、旧約時代にはミカヤの名を有する二人の著名な予言者があった。その一人は紀元前第九世紀の半頃、北イスラエル王アハブの世に現われた剛直の予言者ミカヤ・ベン・イムラであり（I列王紀二二・八）、他の一人はこのモレシテ人ミカである。ミカの故郷はモレシテ・ガテという一寒村であった（一・一四）。これは通常シェフェーラー（低地）と称し、ユダの高地がやがてペリシテの平野に変わろうとする地帯にあり、この辺一面は小麦オリブ等の豊かな産地であると言う。モレシテはエルサレム、ベツレヘム、テコアの西方約十二、三キロの地点にあり、昔メソポタミヤとナイルの流域を連ねる重要な軍道、かつ貿易路がこの付近を南北に走っていた。もしアモスの故郷もこのシェフェーラーにあったと考えることが出来るならば（ウェルシュ、ハンス・シュミット）、モレシテとはほど遠からぬところにあったのではあるまいか。両予言者とも、世界の大勢に明るく、特にミカがアッシリヤの行動に敏感であったのも、彼らの故郷がシェフェーラーを通る国際的通商路に近かったためであろう。

予言者ミカは恐らく貧しき一農夫に過ぎなかったであろう。彼がエルサレムの腐敗した都会文化に対し燃えるような憎悪を抱いていたことも、貧農ミカを想起するとき極めて自然に首肯し得られる。都会人イザヤはアッシリヤ王セナケリブの軍隊がエルサレムを囲んだ時（Ⅱ列王紀一九・三二以下）、神の都は決して陥落しないことを予言したが（紀元前七〇一年）、朴訥なる田舎びとミカにはイザヤのような首都に対する愛着はなかった。彼はむしろ都会が地方農民を政治的に経済的に圧迫することに対し、抑え難き憤懣（ふんまん）を抱き、それ故ヤーウェに抗がうエルサレムが敵の手によって滅ぼされることを予言すべく何らの躊躇をも感じなかった（三・一二）。ホセアはベン・ベーリ、イザヤはベン・アモツ、エレミヤはベン・ヒルキヤと各々名乗るに足る家名を有したが、牧者アモスと農夫ミカには誇るべき家柄はなかった。ミカは貧しきが故に虐げられたイスラエルの農民階級にその生い立ちをした人であり、「彼は庶民の一人として語った」のであって（ロバートソン・スミス）、「彼らは田畑をむさぼってこれを奪い、家をむさぼってこれを取る。彼らは人をしえたげてその家を奪い、人をしえたげてその嗣業を奪う」（二・二）、と貪欲倦くことを知らぬ地主階級への痛罵は彼の偽らざる実感であった。

彼の予言者的活動がいつ頃行なわれたかについては、学者によって議論があるが、ミカ書の冒頭に、「ユダの王ヨタム、アハズおよびヒゼキヤの世」とあるのは、或いは後人の加筆かとも思われる。しかし後世、エレミヤがエルサレムの滅亡を予言した時、神殿冒瀆の故をもって人々は彼を捕え、まさに死刑にしようとしたが、数名の長老は立って、ヒゼキヤの時代に、ミカという予言者が同じくエルサレムの破壊を予言したが、民はこれを殺さなかった事実を挙げ、祭司、予言者達の反省を促している記事がある。すなわち言う、「ユダの王ヒゼキヤの世に、モレシテびとミカはユダのすべての民に予言して言った、『万軍の主はこう仰せられる、シオンは畑のように耕され、エルサレムは石塚となり、宮の山は木のおい茂る高い所となる』。ユダの王ヒゼキヤと、すべてのユダの人は彼を殺そうとしたことがあろうか」（エレミヤ二六・一八、一九）。

ここに掲げられたミカの言葉こそミカ書第三章一二節であり、エルサレムの長老たちの言うところによれば、ミカの予言者的活動の恐らく最も盛んであったのはヒゼキヤ王の時代であり、彼はだいたい紀元前第八世紀末葉の予言者と見ることが出来よう。すなわち彼はアモス、ホセアよりは少しく後輩であり、イザヤとほとんど同時代の予言者であったのであろう。

アモスの時代すなわち北イスラエル王エロボアム二世、南ユダの王ウジヤが支配していた頃のイスラエルは、ダビデ、ソロモンの隆盛を再び楽しむことを得たが、その繁栄は死に瀕した重病者の一時的回復の如く、やがては滅亡にまで導かるべきはかなき生命であった。当時アッシリヤの戦雲は西と南に向かってしきりに動き、紀元前七三二年にはティグラトピレゼルによってダマスコは陥り、後十年にしてサルゴンにより北イスラエルの都サマリヤは滅んだ。ミカの出現は、このサマリヤ陥落の直前か或いはその当時ではなかったであろうか。

彼は予言して言う。「このゆえにわたしはサマリヤを野の石塚となし、ぶどうを植える所となし、またその石を谷に投げ落し、その基をあらわにする」(一・六)。

このとき、北イスラエルの指導者、すなわち政治家、宗教家たちはメソポタミヤに捕え行かれ、アッシリヤの移住者が代わってここに植民せられた(II列王紀一七・二三以下)。このようにして北イスラエルは永遠にその姿を歴史より消し去ったのである。

紀元前七二二年にサマリヤは全滅せず、後年もしばしば他国と結んでアッシリヤに反逆を企てたという説もある(J・M・P・スミス、T・H・ロビンソン)。

破竹の勢いをもってサルゴンの軍隊はさらに南下し、エジプトの国境近くおしよせた。七二〇年には彼はラフィヤにおいてエジプトとペリシテの連合軍を撃破し、七一一年にはアシドッドもまた大王に服し、アッシリヤの重軛(じゅうやく)を脱しようとして反抗した西方アジヤの諸国の企図はことごとく水泡に帰したのである。ミカの故郷、モレシテの地方がアッシリヤの軍隊によって蹂躙せられたのもこの頃の事であろう。彼はミカ書第一章の後半においてシェフェーラーの諸村がアッシリヤ軍によって蒙るべき夥(おびただ)しい災害につき、嘆き予言している(一・一〇以下)。

このように当時のイスラエルは北敵の来襲を受けて動揺と混乱はその極に達し、特に北イスラエルの滅亡は姉妹国ユダにとって大打撃となったことは言うまでもない。しかるにまたエロボアム、ウジヤの隆盛時にかち得た一時的領土の拡張と国富の増大とは、イスラエルの政治的没落にあたってかえって余弊を後世にのこすのみであった。アモスによって叫ばれた社会問題は益々深刻となり、階級的圧迫はいよいよ激化し、エルサレムの為政者たちの失政は地方に転嫁せられ、国家の衰頽に際してその苦悩をより重く負担せしめられたものは、都会の住民よりむしろ地方の農民であった。特にしばしば兵火に脅かされたシェフェーラーの人々にとって、その受けた災禍の甚だしかったのはもちろんである。

3　彼の神とイスラエルの罪

ジョージ・アダム・スミスはミカ書ほどその原文の年代に関し学説区々なるはないと称しているが、ここにこのような問題を取り扱うことは我々の趣旨ではない。ただ、ドライヴァー、カークパトリック、ウィルデベアらと共にミカ書の大部分を予言者ミカの原作と認める立場に立って彼の宗教を検討して行きたいと思う。

ミカに対するアモスの思想的影響は特に著しく、或る者が彼を評してアモスの追従者或いはその再現とするのはこの故である（コルニル、ゼリン）。アモスにおけるが如く、彼においてもまたイスラエルの神ヤーウェは善を愛し、悪を憎む正義公道の神であり、したがって彼の攻撃は最も激しく社会的不正義に向けられた。ミカは先輩たちにならいイスラエルの罪を三つ挙げている。すなわち富者強者の暴虐、政治家の堕落および宗教家の腐敗がこれである。そして彼の攻撃はまず地主階級に対して始められる。彼らは貪る如く貧農の田畑を併せ、家を掠め、産業をも奪うことに冷酷でありまた狡猾である。農夫らが烈日の下に営々として働く時、淫楽に疲れた地主達はなお、「その床の上で不義を計り、悪を行う」暴虐の徒であった（二・一）。ここに我々は、「あなたがたは災の日を遠ざけ、強暴の座を近づけている。わざわいなるかな、みずから象牙の寝台に伏し、長いすの上に身を伸ばし云々」とサマリヤの貴人を罵倒した先輩アモスの言葉を想い起こし（アモス六・三、四）、「わざわいなるかな、彼らは家に家を建て連ね、田畑に田畑をまし加えて、余地をあまさず、自分ひとり、国のうちに住まおうとする」と言ったイザヤの憤りを思い浮かべる（イザヤ五・八）。ユダの王アハズもヒゼキヤもアッシリヤ王から負うに耐えざる重税を課せられ、ウジヤ王以来エルサレムの神殿に蓄積せられた財宝をことごとく大王に提供するもなお足らず、これらの重荷を地方農民の肩に転嫁した。後世ネヘミヤ時代（紀元前五世紀半ば）においても我々はなおこのような類例を見る。すなわち支払うべき租税に窮し、田畑、ぶどう園を抵当として借財するもなお及ばず、兄弟子女、否、彼自身をも奴隷に売るのほか如何にせんすべもなかった農民の窮乏が、ネヘミヤ記の中に如実に描かれている（ネヘミヤ五・四以下）。農村の富は都会に吸収され、エルサレムの財宝はアッシリヤに搾取せられた。ミカは狡猾冷酷な都会の商人を呪うて言う、「わたしは悪人の家にある不義の財宝、のろうべき不正な枡を忘れ得ようか。不正なはかりを用い、偽りのおもしをいれた袋を用いる人をわたしは罪なしとするだろうか。あなたのうちの富める人は暴虐で満ち、あなたの住民は偽りを言い、その舌は口で欺くことをなす」（六・一〇―一二）。

ここにもまた我々は先輩アモスの反響を聞くのである。エパを小さくし、シケルを大きくし、にせのはかりを用いて人をあざむき、安息日、新月の速かにすぎ去ることを求めた（アモス八・五）商人階級は、国の栄える時も衰える時も狡知を用いて富を獲得し、冷酷によってこれを増大することを得た。実に彼らの倦くなき搾取は、「善を憎み、悪を愛し、わが民の身から皮をはぎ、その骨から肉をそぎ、またわが民の肉を食らい、その皮をはぎ、その骨を砕き、これを切りきざんで、なべに入れる食物のようにし、大なべに入れる肉のようにする」（三・二、三）ほどに徹底的である。このような地主と商人とを擁護し、彼らをして意を安んじて労働者農民を圧迫させた者は私腹を肥やす政治家と、衣食のためにする宗教家であった。

外にアッシリヤの圧迫あり、内に庶民の貧窮ある時にも、エルサレム神殿の造営はつづいた（恐らくウジヤ、ヨタムの時代）。ソロモンの神殿建築の場合の如く、無償の労役がユダの労農階級に課せられたのであろう。さればミカは言う、「あなたがたは血をもってシオンを建て、不義をもってエルサレムを建てた」と（三・一〇）。

長老は賄賂によって法を左右し、祭司は価をとって教え、予言者もまた金銭を得んがために占いを業とした（三・一一）。このように国民の精神生活を指導すべき長老も祭司も予言者も金力の忠実なる番卒たるに過ぎず、そのなすところはすべて衣食のためであった。地上の勢力に媚び、その非をおおうために養われる学者も宗教家も、精神的去勢者たることは今も昔も変わりはない。さればミカは言う、

「わが民を惑わす予言者について主はこう言われる、彼らは食べ物のある時には、『平安』を叫ぶけれども、その口に何も与えない者にむかっては、宣戦を布告する」（三・五）。

「宣戦を布告する」とは原語では「聖戦を宣す」との義であり、ヤーウェの聖名において戦いを挑むという意味である。エルサレムの街々を横行した職業的予言者らは全然糊口のために予言するのであって、彼らに食を与える者には祝福を祈り、これを拒む者には呪いをはなった。彼は民に厳正なる神の言葉を伝えずに、「しかもなお彼らは主に依り頼んで、『主はわれわれの中におられるではないか、だから災はわれわれに臨むことはない』」と空しい平安を無責任に約束する。ここにもミカは先輩アモスに従い、自らをヤーウェから遣わされたる真の予言者とし、偽の予言者と厳しく区別している。アモスが、「わたしは予言者でもなく、また予言者の子でもない。わたしは牧者である。わたしはいちじく桑の木を作る者であ

る」（アモス七・一四）とて祭司アマジヤの甘言を敢然と拒けたように、ミカもまた金銭のために祝福を祈るエルサレムの予言者の群れに身を投じることを潔しとしなかった。彼によれば、「この民の説教者」すなわち民衆的予言者（侮蔑した意味）たる資格は、「風に歩み、偽りを言い、『わたしはぶどう酒と濃き酒とについてあなたに説教しよう』」（二・一一）とて街頭に自らを売り歩くことであった。予言者的恍惚経験に入ることと酔酒陶然たることとを混同した民衆予言者については、イザヤもまた辛辣な皮肉をあびせている。

「祭司と予言者とは濃き酒のゆえによろめき、酒のゆえに心みだれ、濃き酒のゆえによろける。彼らは幻を見るときに誤り、さばきを行うときにつまずく」（イザヤ二八・七）。

酒に酔い、空言をはなち、金銭に目しい、権力に屈する予言者に神の聖旨が啓示せられるはずがない。彼らが地上の勢力に引きまわされる時、天界の消息に通ずる途は断たれる。アモスはこのことを指して、審判とは、「それはパンのききんではない、水にかわくのでもない、主の言葉を聞くことのききん」であると言っている（アモス八・一一）。蒼空の星は明鏡にのみうつるが如く、神の言葉は曇りなき良心にのみ響くのであろう。地上の霧がたちこめる時、我々の霊魂が神の姿を見失うことは、けだし当然と言わねばならぬ。さればミカもまた偽りの予言者を罵倒して言う。

「それゆえ、あなたがたには夜があっても幻がなく、暗やみがあっても占いがない。太陽はその予言者たちに没し、昼も彼らの上に暗くなる。先見者は恥をかき、占い師は顔をあからめ、彼らは皆そのくちびるをおおう。神の答がないからである」（三・六、七）。

アモスによれば予言者の任務はヤーウェの意志を明らかに知り、これを忠実にまた勇敢に民に向かって呼びかけることにある。「まことに主なる神はそのしもべである予言者にその隠れた事を示さないでは、何事をもなされない」（アモス三・七）とは彼の確信であった。それ故神の心を知らず、その示しを受けない予言者は無用の長物であり、味なき塩のように捨てられ、足にて踏まるべきものである。

真の予言者と偽りの予言者とを区別すべき規準、アモス、ミカ達が自らを民衆の予言者から峻別した理由はいずこに求むべきであろうか。両者共にヤーウェの名において予言することに変わりがない。アモス、イザヤ、エレミヤのような大予言者達も幻のうちに神を見、神の声に接し、神秘経験を通してヤーウェの神託を受けたことは偽りの予言者と同様である。しかしヤーウェはかつて北イスラエルの王アハブの宮殿に養われた偽りの予言者に対して、「虚言を言う霊」を彼らに送り、アハブの運命を誤らしめた（I列王紀二二・二三）。鋭き良心と覚めたる理性なき予言者は、熱心に祈って、かえって偽りの霊を授けられ、自ら偽りの予言者たることを自覚しない。まことに怖るべきことである。「民衆予言者には神秘経験は与えられたが霊感は与えられなかった」（スキンナー）。それ故真の予言者が深くヤーウェと交わり、その意志を知る特権を許された時にも、偽りの予言者は、依然として占いによって将来を模索するに過ぎなかった。偽りの予言者とは畢竟、真と偽り、義と不義とを判別する力を奪われた予言者にほかならない。ミカは上述の如く彼らの特色をもって、酒に酔い、金銭を貪り、徒らに平安を予言する者なりと罵っておる。彼らはヤーウェの言葉に対するイスラエルの良心を呼びさまさず、かえってこれを眠らしめることをその任務とした。

紀元前七三五年、シリヤ・エフライム戦争にあたって、エルサレムがダマスコとイスラエルの連合軍によって囲まれようとした時、イザヤは立ってインマヌエル（神我らと共にあり）の誕生を予言した。神の都エルサレムは決して敵に汚されることなしとは、この時イザヤが固く信じたところである。爾来「インマヌエル」（神我らと共にあり）の合言葉はエルサレムの指導者達によって動かすべからざる信仰となり、ヤーウェの庇護を約束するものであった。しかしミカにとって、エルサレムの民が口にインマヌエルを唱えることは何ら救いの保証とはなり得ない。エレミヤの言葉のように、「これは主の神殿だ、主の神殿だ」と言うのはまことに頼むべからざる偽りの予言である（エレミヤ七・四）。予言者にとって、イスラエルがヤーウェの民であるということは決して絶対無条件なる救済の保証ではなく、ヤーウェの善なる意志に服し、これを実現することによってのみイスラエルは神の庇護の下に置かれる。彼らは神の選民である。その故に他の諸隣邦にも倍して激しく罰せられねばならぬとはアモスの断言であった（アモス三・二）。選抜は責任への選抜であって特権への選抜ではない。さればユダヤ教の碩学イスラエル・アブラハムスは言う、「イスラエルは神の特別な奉仕のために招かれた選民である。すなわちその実践と世界に対する使命によって神の真理を証しせんがため律法を受け、これを伝えることをもってその任務とする。この選抜は世界に神の王国を建設すべき事業にまで遣わされた神の僕の責任を伴うものである」。

ミカによればイスラエルの神ヤーウェはその民に向かい、「正義を行い、あわれみを愛し、謙遜（へりくだ）って神と共に歩む」ことをひたすら要求する神であった。ヤーウェの善なる意志を実現し、しかも神の権威に服する生活をなすことがイスラエルの使命であり、この一事がヤーウェに仕える途であった。民衆予言者は、平安がないのに「平安、平安」と空しく民を鼓舞し、彼らに、直面する危機を正視させないでおこうと努めたけれども、打ちつづくアッシリヤの圧迫と国政の動揺とは、ユダの人心を不安ならしめ、ヤーウェの恩恵がようやくエルサレムを離れたのではないかという焦慮を感ぜしめるに至った。それ故、民は、怒れるヤーウェを如何に宥（なだ）めようか、その方法を問うて言う、

「わたしは何をもって主のみ前に行き、高き神を拝すべきか。燔祭および当歳の子牛をもってそのみ前に行くべきか。主は数千の雄羊、万流の油を喜ばれるだろうか。わがとがの

ためにわが長子をささぐべきか。わが魂の罪のためにわが身の子をささぐべきか」（六・六、七）。

民衆にとってヤーウェと和らぐ途は犠牲の多きにあり、これがため数千の羊、万流の油はもとより、己が長子を献げる事をもまた、いとわぬほどであった。しかし予言者にとってヤーウェはこのような物質的犠牲をもって満足するにはあまりに聖く正しい神であった。ヤーウェは聖にして善なる人格である。それ故イスラエルもまた、善なる意志と真実にして謙遜なる態度をもって神に仕えねばならぬ。思うに宗教的儀式そのものに咎むべき何ものもなく、予言者もまた祭儀を絶対的に否定したのではないと思う。ただ祭儀のみをもって神に仕え得ると考えるところにイスラエル民衆の誤りがあり、神の本質に関する根本的な認識の錯誤があった。このような誤解から儀式はしばしば乱用せられ、神に対する礼拝者の良心を鈍磨せしめ、宗教の純粋性を混濁せしめる。イスラエルの祭儀に対する予言者の弾劾の理由はここに存する。祭儀は神と交わるための一つの方法であって、祭儀の執行そのものが宗教生活の中心ではない。犠牲はよしそれが如何に豪華であろうとも、よし長子を惜しまざるほどであっても、これのみをもって神の怒りを和らげることは不可能である。キリストに仕える道もまた良心をもって神を畏れ、真に隣人を愛することであって、主の名において儀式を喜び、事業に急ぐことではない。神は霊であるから、人は霊と真実とをもって神を拝すべきである。祭儀の問題に関しても、ミカは先輩アモス、ホセアの後継者であった。彼らは言う、「たといあなたがたは燔祭や素祭をささげても、わたしはこれを受けいれない。あなたがたの肥えた獣の酬恩祭はわたしはこれを顧みない」（アモス五・二二）。「わたしはいつくしみを喜び、犠牲を喜ばない。燔祭よりもむしろ神を知ることを喜ぶ」（ホセア六・六）。

4 審判と希望

ヤーウェの聖にして善なる意志に反逆するイスラエルは、当然罰せられねばならぬ。敬虔な者（邦訳聖書には善人とあるが、むしろ敬虔なる者の義）は地に絶え、人のうちに正しい者なく、みな血を流そうと待ち伏せし、骨肉兄弟相食む神の選民は、ただ刑罰を待つほかはなかった（七・二以下）。ヤーウェの敵となり、その賜わった聖なる国土を汚したユダの民は、このところから放逐せられねばならぬ。

「立って去れ、これはあなたがたの休み場所ではない。これは汚れのゆえに滅びる。その滅びは悲惨な滅びだ」（二・一〇）。

ミカは先にサマリヤの没落を予言し（一・六）、今また永遠不落と民が誇ったエルサレムの宮も打ち滅ぼさるべきを予告した（三・一二）。民にとってこの冒瀆の予言は如何にその耳を驚かせたことであろう。約百年を経た後も、ミカの言葉はなお人々の記憶に新たであった（エレミヤ二六・一八）。のみならずミカの警告は王ヒゼキヤの襟をただしめ、彼をして宗教改革を断行せしめるに至ったのではあるまいか（Ⅱ列王紀一八・四以下、ゴードン）。この点においてユダの政治に対するイザヤとミカとの予言者的貢献は甚だ大である。

多くの研究者はミカをもってアモスの如く災厄の予言者とし、彼のうちにイスラエルの救いに対する希望を認めない（それ故ミカ書における一―三章以外の大部分〔二・一二、一三をも含む〕をミカの言葉でないとして削除してしまう）。しかし彼らがアモスおよびミカにおけるイスラエル回復の予言を認めざる理由は往々甚だ独断的であり、その結論は大体次の如き仮定から出発しているように思われる。第一、捕囚以前の予言者の多くは審判の予言者であり、ヤーウェのイスラエルに対する怒りをのみ叫んだ。民衆の予言者達は空しく平安と希望とを説いたが、ヤーウェの僕たる真の予言者はただ来たるべき災禍のみを警告した。それ故彼らの予言におけるイスラエルの救済に対する約束は大体後世の加筆であると説明する。しかし予言者の宗教活動の動機は民をして罪を悔いヤーウェにまで再び帰らしめることであって、審判の予告のみがその目的ではない。されば多くの学者が全く災厄の予言者なりと評するアモスにおいてすら、彼はイスラエルのためにとりなしの祈りを捧げ、ヤーウェもまたアモスの祈りを一度は容れ、「このことについて思いかえされ、『このことは起さない』と主は言われ」ている（アモス七・二、三）。予言者によれば審判は審判そのものが究極の目的ではなく、イスラエルをしてその罪を自覚せしめ、うなじ固き民を砕いてこれを悔い改めさせる事にある。それ故民が予言者の叫びをきいて非を改め、或いは災厄に出会ってその罪を悔いる時、彼らが民を慰め励まし、将来における輝くばかりの神の国の希望を述べているといっても何の不思議もない。のみならず彼らは暗黒に閉ざされた現在を超えて神の正義が必ず最後の勝利を得べき事を確信し、国の現状に関しては悲観的であったがその将来を望む時、むしろ新たなる希望の湧き出るのを覚えしめられた。この事は彼らが如何に大なる希望を「残れる少数者」に託していたかという事実に照らしても窺い知られる。予言者は近代神学者の如く審判と救済との関係を論理的に説明してくれない。我々が主キリストの十字架について理解する如く、審判すなわち救拯（すくい）、これが贖罪の意義であると彼らも考えていたかどうかは疑問である。ただ彼らはイスラエルの罪に対する聖にして義なるヤーウェの燃える怒りと共に、イスラエルを再び己が民となさんとする神の激しき愛を感じた。この二つの予言の動機が或る時には審判の予告となり、また或る場合には希望の約束となったのであると考えるべきであろう。のみならず予言は決して統一ある神学的論述ではなく、その折々に叫ばれた警告の断片を後に至って結集したものである。従って予言書のうちでは、審判の部分と希望の部分とは必ずしも論理的な連絡を保ってはいない。しかるにこのような文脈上の関係のみを理由として審判だけを真正とし、希望を後世の加筆として排撃してしまうことは決して公正なる研究方法ではないと思う。

第二、イスラエルの終末的未来観は全然捕囚以後の産物なりとする仮定が、旧約学者をしてしばしば同様の独断に陥らしめているのではなかろうか。しかるに近時の旧約研究によれば自然の覆滅を伴う新天地の到来、すなわちヤーウェ自らの力によって天地はまったく新たにせられ、万物が神の聖なる支配に服する新しい王国生まれ出でよとの待望は、決して捕囚以後に限られた終末思想でなくて、遠く昔から行なわれていたことが明らかにせられるに至った。従ってミカ書においても未来待望の予言を十分認め得るのであり（マインホルド、ゼリン）、アモスにおいてかすかであった救済の希望はホセアによって深められ、イザヤにおいてメシヤ予言にまで発展せしめられた。彼らの追随者たるミカの予言中に将来の希望があり、メシヤの待望ありとも何の不思議があろう。「しかしベツレヘム・エフラタよ、あなたはユダの氏族のうちで小さい者だが、イスラエルを治める者があなたのうちからわたしのために出る。その出るのは昔から、いにしえの日からである」（五・二）。

このようにミカはイザヤと共にイスラエルの将来を支配すべきメシヤを待ち望んだ。イザヤにおいて来たるべき王は、「エッサイの株から出る一つの芽」であり（イザヤ一一・一）、ミカによればベツレヘムから出る牧者であったが、メシヤがダビデの末であることについては両者の見解はまったく一致している。のみならずこのメシヤがイスラエルを悩ます外敵を斥け、祖国の政治をただし、ヤーウェの名において全世界を支配する君主にしてまた牧者なることについても両予言者の間に事実上の相違はない（イザヤ七・一〇以下、同九・六以下、同一一・一以下、ミカ五・二以下）。そして来たるべきメシヤ王国に関しイザヤとミカとの見解が如何に接近しているかを如実に示すものは次の一句である。

「末の日になって、主の家の山はもろもろの山のかしらとして堅く立てられ、もろもろの峰よりも高くあげられ、もろもろの民はこれに流れくる。多くの国民は来て言う、『さあ、われわれは主の山に登り、ヤコブの神の家に行こう。彼はその道をわれわれに教え、われわれはその道に歩もう』と。律法はシオンから出、主の言葉はエルサレムから出るからである。彼は多くの民の間をさばき、遠い所まで強い国々のために仲裁される。そこで彼らはつるぎを打ちかえて、すきとし、そのやりを打ちかえて、かまとし、国は国にむかってつるぎをあげず、再び戦いのことを学ばない」（四・一―三）。

この一句はイザヤ書二章二―四節と全然同一であるが、ミカがイザヤより借りたものか或いはその反対か、また或いは両者が共通の資料によれるものか判然としない（多くの研究者はこれらの節をもって捕囚後の加筆とする）。ただこの予言に表われている所を見ても、末の日においてイスラエルの神ヤーウェはイスラエルの支配者たるのみならず、諸国民の間をさばく義の神であり、その力によって全世界に平和をもたらす神である。その仲裁は遠い国々までも及び、万民は川の如くエルサレムに集まり、ヤーウェよりその教えを聞くことを喜ぶに至る。ここには捕囚後諸国民の聖書文学に見るが如き敵に対する著しき憎悪の感情は何ら見いだされず、かえってヤーウェの義を認め、その支配に服するところの唯一神観的信仰の主張を見る（ジョージ・アダム・スミス）。アモス書一章におけるが如き裁き人としてのヤーウェはミカ書においてさらに鮮かなるその姿を示している。ここにはもはや国と国との間に戦いなく、「つるぎをすきに打ちかえ、そのやりをかまに打ちかえる」ところの永遠の休戦が告げられる。実にイザヤの幻の如く、「ひょうは小やぎと共に伏し、子牛、若じし、肥えたる家畜は共にいて、小さいわらべに導か」れる奇跡的な平和が新しい神の国を支配するに至る（イザヤ一一・六）。予言者によれば審判によってただイスラエルが罪を悔い、その非を改めるのみならず、諸国民もヤーウェの前にその支配を受けるに至るのである。このように旧約の終末思想は捕囚前の予言においてもまた、ヤーウェの世界支配を力強く主張している。ミカにおいて我々はヤーウェの独一性、普遍性について激しい論争を見ざるのみならず、むしろ原始的拝一神教の響きさえもきくのは一見不可思議に感ずる。すなわち言う、

「すべての民はおのおのその神の名によって歩む。しかしわれわれはわれわれの神、主の名によって、とこしえに歩む」（四・五）。

しかし彼は少なくとも諸国民の神々に対するヤーウェの優越を認め、その故に諸国民はヤーウェから教えを受けようとしてエルサレムに集まり来ることを予言するのである。またこの信仰はミカ自身の名が最も雄弁に物語っている。ミカヤとは、「だれかヤー（ヤーウェ）の如くあろうか」（七・一八）との義、すなわちヤーウェに比すべき他の神々なしとの意味である。このようにしてイスラエルに義と愛と謙遜とを求めるヤーウェはまた権威と平和とをもって全世界を支配する神であった。

5 結語

最後に旧約の予言者、特にミカが当時のイスラエルの社会状態に対して如何なる態度をもってこれを批判したかを一言して結語に代えたいと思う。ミカは無産階級の味方であり、都会文化の呪詛者としてその関心の重点が社会問題にあったと言われている（ロバートソン・スミス、T・H・ロビンソン、ケント）。この点において彼がアモスの影響を最も深く受けたことは前述の如くである。彼によればヤーウェに仕える途は、犠牲を多くし祭儀を盛んにすることではなく、神の権威に服し、その善なる意志を実践することにある。予言者は何が善であり悪であるかという抽象的な論議をもってその予言を始めない。ヤーウェの意志は自明的であり、これに従うことがイスラエルの責任である。政治家がその思うままに民衆を圧迫し、地主、資本家が貧者を虐使し、宗教家が国民の精神生活を誤り導く事はヤーウェの意志に反することであり、従って悪であった。予言者にとって人がヤーウェの意志に服するところに倫理があり道徳がある。旧約の倫理は神の意志を無視しては解し得ざる倫理である。何が善であり悪であるかは彼らにとって自明のことであり、彼らは道徳を常に絶対的立場から見ておった。それ故予言者の倫理は単純であり、あくまでも実践的であった。

人は往々予言者から社会改造のための教訓を発見しようとする。もちろん社会生活の理想を求めようとする真摯なる人々に対して予言者が多くの暗示を与えることを我らといえども否定しない。予言者が直接取り扱った問題はイスラエルの国民生活であって個人の生活ではなかった。彼らの宗教において信仰の単位はイスラエルの民全体であり、その個人ではない。民族或いは国民という共同体の観念を離れて旧約の宗教は解し難いのである。その倫理もまた個人の倫理に非ずして社会の倫理であった。

「旧約の宗教生活において全然孤立した個人の人格というが如き事はかつてあり得なかったし、またあり得ない。……それ故対照または背景としての団体生活を離れて個人の生活は考えられない」と言うマックス・レールの言葉は味わうべきである。予言者に果たして今日の我々が口にするが如き鮮明なる社会意識があったかどうかは疑問であるが、彼らの民族的な意識は極めて根深いものがあった。捕囚後第二イザヤの神観において見るが如く、彼らは一方においてヤーウェの普遍性を力強く主張しつつ同時にこの神がイスラエルの神ヤーウェであること、また新しい世界の中心を占めるものは神の選民である事について妥協なく力説している。ユダヤ人はついにギリシャ人の如く徹底的な個人主義者となり得ず、それ故にまた徹底的なる世界人となり得なかった。彼らにとって社会連帯を無視した個人の生活は到底考え得られなかったのである。従って予言者は国民生活特にその精神生活の原理に関して我々に多くの教訓を与えてくれるが、ただ注意すべきは彼らの本来の任務はあくまでも宗教的真理をイスラエルの国民に強く訴えることであって、社会改造の指針を与える事ではなかった。社会学者ウォリスが鋭く指摘しているように「予言者は社会問題を提示しているが、これの解決を与えていない」。換言すれば、彼らは宗教的原理に立つところの社会問題批判者であって、その具体的な解決者ではない。彼らはどこまでも宗教人であって社会改造家ではなかった。我々は予言書のうちに現今の祖国が経験しつつある社会的欠陥の数々に面接するが、予言者はこれらに対し何ら具体的な解決策を示してくれない。彼らは社会問題の由って来たる宗教的原因を挙げ、これに向かって批判駁撃を加えるのみである。予言者によれば、すべての社会悪は聖にして義でありまた愛であるヤーウェに対し反逆的であることに由来するが故に、これを根絶する途はイスラエルが罪を悔いヤーウェにたち帰ることのほかにない。

また彼らは階級闘争の原理に立つ社会革命家でもなかった。階級的イデオロギーを用いて彼らの宗教運動を研究する事は、イスラエルの社会生活の歴史を理解する上に必ずしも無益な事ではない。従来の旧約学者が注意しなかったイスラエル民族史の経済的社会的一面が、このような研究によって明らかにせられるのであろう（例えばM. Lurje in Moskau: Studien zur Geschichte der wirtschaftlichen und sozialen Verhältnisse im israelitischen und jüdischen Reiche. 1927.）。予言者はしばしば無産階級の味方として彼らのために支配階級を弾劾している。しかしこのことは彼らがプロレタリアートの利益を代表する階級的闘士であったことを意味しない。予言者の関心事はイスラエルが神の聖志に服することにあるのであって、その社会制度その政治組織が合理的であるか否かはまったく問題とはならなかった。これらの組織制度は王も君も祭司も長老も予言者もみなヤーウェがイスラエルに与えた賜物であって、それ自体はむしろ尊ぶべきものでこそあれ憎むべき悪ではない。ただこれを運用する人物が邪悪であり暴虐である時に、予言者はこれを糾弾せざるを得なかった。それ故予言者にとって改めらるべき者は組織に非ずして人間であったのである。彼らは富者が貧者を支配した故に怒ったのであって、階級的差別そのものに何らの疑惑を抱いていない。しかし一人の人間が他の人間を故なく圧迫せんとする時、彼らは激しく憤った。イザヤの如きは貴人であり、恐らく彼は予言者として立った後も宮廷に出入し、王に政治的献策を敢えてしたことと思われるが、しかも彼は富者強者の横暴に対して痛烈なる攻撃を加えている。社会主義者マックス・ベーヤーは、イスラエルにおいて地主資本家階級の神はバアル（バアルは土地所有者の義）であり、無産階級の神はヤーウェであった。予言者の宗教運動は実は宗教の形式において戦われた階級闘争、すなわちヤーウェ対バアルの戦いとして戦われたブルジョアとプロレタリアートの闘争であると説明している。このような解釈は一見近代的であり興味深く感ぜられるのであるが、それは唯物史観の立場に立って史実を無理に理解しようと試みる甚だ偏した見方と言わなければならぬ。

予言者が社会的不義に対して怒ったのは労農階級の利益が蹂躙せられたためではなく、聖にして義なるヤーウェの意志が無視せられ、その支配が破壊せられたためである。ヤーウェを中心とするイスラエルの国民生活が暴力によって脅かされ、破られようとした故に彼らは起ち上がった。イスラエルはヤーウェの意志が実現せらるべき王国であるが故に、この意志を無視することは予言者の耐えがたいことであった。ヤーウェのみイスラエルの支配者であり、真の民主主義は徹底せる神政政治を前提としてのみ可能である、ヤーウェの善なる意志に忠実であろうとした予言者の宗教運動が、結果として無産階級の利益を擁護することとなっても、それは彼らの直接の目的ではなかった。

そうは言っても予言者の関心が深く国民の上にあり、社会のことに注がれておったことは、我々に多くの教訓を暗示する。旧約の宗教は畢竟共同体の生活のうちに生かさるべき宗教であり、その道徳は全体のための道徳である。イスラエルの個人はより良き共同体を構成するためにのみ意義と価値とを持つ。それ故予言者は全体的背景において、換言すれば神の国を前提として個人の位置を重視した。旧約の宗教生活における個人の尊厳は予言者特にエレミヤの努力によって獲得せられたのであるが、彼らにおいてもイスラエルそのものは決して忘れられていない。予言者が残れる少数者に輝く期待を託した理由は、これらの者によって神の国が新しく創（はじ）められることを信じたからであった。イスラエル人の信仰によれば一人の罪が全体を滅びに陥らしめると共に、一人の敬虔が国民のすべてを救いにまでもたらすのである。エレミヤは言う、

「エルサレムのちまたを行きめぐり、見て、知るがよい。その広場を尋ねて、公平を行い、真実を求める者が、ひとりでもあるか捜してみよ。あれば、わたしはエルサレムをゆるす」（エレミヤ五・一）。

このように神の国建設のために遣わされた個人の意義と価値とを正しく発見した者は実に予言者であった。そして予言者ミカによれば、神の選民が新しきイスラエルをつくるために採るべき途は、「公義をおこない、いつくしみを愛し、へりくだってあなたの神と共に歩む」ことのほかにはなかったのである。

エレミヤの召命経験
――エレミヤ記第一章の研究――

1 序 言

予言者エレミヤは、イスラエルの宗教史において、画期的な人物と言うことが出来よう。もし紀元前五八六年の第二回バビロン捕囚をもってイスラエル史とユダヤ史との時代的限界とするならば、エレミヤはイスラエル宗教史の最後に現われた、しかも最大の予言者とみなす事が出来る。彼においてイスラエル選民の宗教は、ひとまずその結果に到達し、爾後はユダヤ教へと推移して行った。されば彼とほとんど時代を同じくしてバビロンに現われた予言者エゼキエルは、或いは「ユダヤ教の父」と呼ばれ、或いは「僧服を纏(まと)った予言者」と呼ばれている。紀元前六二二年には、有名なヨシア王の宗教改革が行なわれたのであるが、この時に始まった形式宗教の精神は、エゼキエルを通じて後期の律法宗教へと発展して行ったと言われる。このようにエレミヤをもって終ったところのイスラエルの宗教は、一方律法宗教として新しい展開を見たのであるが、他方ヤーウェの選民の信仰は、エレミヤの深刻なる宗教経験を潜ってその内容と深さとを増し、やがて第二イザヤにおける「主の僕」の思想となり、また詩篇ヨブ記の宗教を起こし、新約の宗教にまで流れ入った。紀元前第九世紀、第八世紀、第七世紀における大予言者達の信仰と思想は、国が滅びると共に滅びずしてますます国民の宗教生活のうちに根を下ろし、外に現世的光彩を失ったのであるが、うちに霊的豊かさを加えた。元来ヤーウェの宗教は国民宗教であり、その宗教的単位はイスラエルの個人に非ずして国民全体であった。しかるにこの宗教はエレミヤの人物と経験を通してますます内的となり、従って人格的となり個人的となった故に、神ヤーウェと交わる者はもはや全体としてのイスラエルの民族全体、もしくはこれを代表する意味における個人に非ずして民族を形成する国民一人一人に置き換えられた。これエレミヤにおける「新しい契約」である（エレミヤ三一・三一以下）。すなわちヤーウェとイスラエルとを結ぶ契約の印は、もはや石の板に非ずしてイスラエルの個人個人の魂に刻まれた神の誡命である。のみならずエレミヤ自身の殉教的生涯により旧約における苦難の理解は新しい課題としてイスラエルの宗教生活のうちに投ぜられた。有名なイザヤ書第五三章における「主の僕」の思想的端緒は実に彼に発し、ヨブ記の宗教もまたその源を彼に発すると称しても過言ではあるまい。後年イスラエルの国民全体が直面し、苦戦した苦難の問題は、すでにエレミヤの生涯において体験せられた。このようにエレミヤは画時代的予言者であった。

およそ偉大なる宗教人の生涯と事業と教説とを理解させる鍵は、その改悛経験のうちに求めることが出来る。パウロしかり、アウグスティヌスしかり、ルターしかりである。エレミヤにおいても彼の精神生活の転回は、彼の全生涯を決定せしめる羅針盤であった。そしてこの転回とは実に彼の召命経験にほかならない。それ故にエレミヤ記第一章の研究は彼の人物と事業と思想とを理解せしめる秘鍵であるが、同時に彼に始まる旧約宗教の新しき発展の契機を明瞭ならしめる手掛りでもあろう。しかるにエレミヤ記第一章の原文によって表わされる、文学的歴史的意義が必ずしも悉（ことごと）く明らかでないのは甚だ遺憾である。

2　彼の生い立ち

エレミヤはアナトテの祭司ヒルキヤの子として僧職の家に生まれた。パレスチナ中央の高地がヨルダンの谷に向かって傾斜するところ、エルサレムから東北に約六キロ半の地点に、石切職人とその家族との住まう現今アナタと称する一寒村がある。そしてこのアナタこそエレミヤの故郷たる昔のアナトテである。アナトテはベニヤミンの地に属する。ベニヤミンは古来イスラエルの歴史に英雄と偉人とを送った。イスラエル王国樹立の業半ばにしてペリシテ人のためにあえなくギルボアの山に斃（たお）れたサウルも、ベニヤミン人キシの子であり（Iサムエル九・一、二）、イエスのともがらを狂気の如く迫害したタルソのサウロもまたベニヤミン族の出である（ピリピ三・五）。旧約予言者のうち、エレミヤに最も深い精神的変化を与え、性格的にも近似したホセアも、ベニヤミンから出た農夫であったと説く研究者もある（ヘルシャー）。狼の如く慓悍(ひょうかん)にして熱情的なるベニヤミン人の血は（創世記四九・二七）、一見女性的と思われるエレミヤの性格のうちにもみなぎり、彼をして倒れては立ち、躓いては起き上がり、真理のために不敵の戦いを続ける殉教者たらしめたことであろう。

エレミヤの父ヒルキヤは由緒ある伝統を受けた僧職であった。もちろんこのヒルキヤは、ヨシア王の世にエルサレムの神殿において律法書を発見した大祭司ヒルキヤとは別人である（Ⅱ列王紀二二・八）。アナトテのヒルキヤはその昔ソロモン王によってエルサレムより追われ、その故郷に淋しく余世を送ることを余儀なくせられた大祭司アビヤタルの子孫であった（Ⅰ列王紀二・二六）。このアビヤタルはやがてシロの祭司となったエリに連り、従ってその伝統はモーセにまで遡(さかのぼ)る。彼の一家は光栄あるヤーウェの箱の担い手たる家柄に属していたのである。

聖書には、「アナトテの祭司のひとりである、ヒルキヤ」と記されている（エレミヤ一・一）。この意味がアナトテにあった聖所に仕えた祭司ヒルキヤをいうのであるか、或いはまたアナトテに居住してエルサレムの神殿に仕えた祭司ヒルキヤをいうのであるかは旧約学者の研究に一任しよう。ただ我々にとって興味あることは、彼が由緒正しい祭司職の家に生まれたという事実である。この事実こそ彼の召命経験に対して特殊の内容を与え、爾後彼の予言者的活動をして特別に意義あらしめるものではあるまいか。ローマ教会の長所と弱点とを最もよく知り、何故教会は改革せられねばならなかったかを最も確実に洞察し得た者は、一修道僧マルチン・ルターであった。エレミヤもまたしかりである。彼はイスラエルの伝統的宗教のうちに生まれ、またこのうちに生い立った。その故に彼はこの宗教の持つ特質をば彼の先輩達である牧者アモス、農夫ホセア、貴人イザヤらよりはより深く知っていたに違いない。しかもエレミヤ自身は専門的な祭司ではなく予言者であった。それ故に彼は自由な立場において神殿における祭司宗教を批判することを得たのである。このように彼の予言者としての特色は彼が祭司の子であったところに始まる。

ヤーウェの言葉が初めてエレミヤに臨み、これを予言者として立たしめたのはヨシア王の治世一三年と記されている（一・二）。そしてこの王が即位した時は紀元前六三九年であるから、エレミヤの召命は紀元前六二六年頃のことであろう。「わたしはただ若者にすぎず」（一・六）と言う彼の言葉より推し、また彼が生涯使命のために独身であったこと（一六・二）から想像し、彼が初めて召命の生活に入らしめられたのは齢二十の頃であったのではあるまいか（スキンナー）。そしてこの時に始まった彼の予言者活動は、紀元前五八六年におけるエルサレムのバビロン捕囚に至るまで実に四十年、すなわち彼が六十歳の老齢に至るまで継続したのである（一・三）。エレミヤとヨシア王とがその青年時代直接の交渉があったかどうかは不明であるが、後年エレミヤがこの真理に忠実な英邁果断の名君に対し、少なからず畏敬の念を持っていたことが彼の言葉より察せられる（二二・一五）。アッシリヤに対する政治的宗教的屈服と予言者に対する圧迫とをもってその政治が陰惨な空気のうちに終始した祖父マナセ王の死後、弱冠ではあるが理想主義的なヨシアの即位によってイスラエルの宗教生活はようやく黎明を告げつつあった。このようにヤーウェに忠信であった王と予言者とが、時を同じくして生い立ちつつあったことは興味深い事である。アナトテの少年エレミヤは、四季のうつろいと共に美しく変わるベニヤミンの自然のうちに生い育った。しかもここはエルサレムからほど遠からぬ郊外である。都に起こる風聞は敏感なこの少年の耳にも達したことであろう。ヤーウェに仕える者の家に生まれ、かつここに育てられたエレミヤは、やがて神の予言者たるべく見えざる御手に導かれつつあった。

3　万国の予言者

エレミヤはその召命経験を三つの幻に分けて叙述している。すなわちその一はヤーウェがエレミヤの口にその手を触れた幻（一・四―一〇）、その二はあめんどうの枝の幻（一・一一、一二）、その三は沸騰している鍋の幻（一・一三―一六）がこれである。エレミヤに臨んだヤーウェの言葉は、「わたしはあなたをまだ母の胎につくらないさきに、あなたを知り、あなたがまだ生まれないさきに、あなたを聖別し、あなたを立てて万国の予言者とした」（一・五）と宣言している。

当時メソポタミヤの空には戦雲しきりに動き、久しく東方の覇権を握っていたアッシリヤは、大王アッシュールバニパルの死と共にその没落を急ぎつつあった。アッシリヤのために一時抑圧せられていたバビロニヤは、ナボポラッサルによってアッシリヤの重軛を脱して独立を宣言するに至った。紀元前六一二年、メディアとバビロニヤの同盟軍は予言者ヨナの言う、「大いなる都」ニネヴェを囲んでこれを陥れ、アッシリヤはその姿を永遠に歴史から抹殺されるの余儀なきに至った。若きエレミヤもまた、時に触れ国外に吹きすさぶ戦乱の嵐に耳をそばだてたことであろう。また国のうちには、マナセ以来日々に盛んなるアッシリヤの天体礼拝と異教信仰に基づく道徳生活の廃頽とはエレミヤの心を暗黒にした。イスラエルの民は木や石を立てて神とし、神々の数はイスラエルの街の数の如く夥しき数を加えたと言う(二・二七、二八)。人々はまたトペテの谷においてその初子を神々に捧げて惜しまず(一九・二以下)、活ける水の源であるヤーウェを捨て、これを破れた水溜に代えるに至った(二・一三)。このように内憂と外患とによって思い乱れたエレミヤは、一日神の声を聞いたのである。その声は彼をして「万国の予言者」となすべくヤーウェはこれをその生まれ出でざる先に聖め別ったと言う。旧約において使命に立たしめられる者が、その誕生に先立って聖別せられた例はエレミヤに始まらない。士師サムソンしかり(士師一三・五)、予言者サムエルまたしかりである(Iサムエル一・二八)。しかし、このような英雄と予言者とはその母の手によってヤーウェに所属する者としてささげられた人々であり、エレミヤのように彼自らヤーウェによりその生まれない先から選び別たれたことを自覚した神の器とは、その意味を異にするように思う。「つくる」（一・五）とは「形をつくる」との義であり、あたかも陶工がその意のままに土器を形造るのを言うのである（一八・四）。エレミヤは母の胎においてすでにヤーウェによってその聖旨のままに形づくられた予言者であり、「まったく神により、神のために」つくられた神の器であった。また神はエレミヤが神を知る前に彼を知り、これをその僕として選び給うた。「知る」とは人格と人格とが特別に密接な関係に入ることであり、「選ぶ」ことである（アモス三・二）。土の器をも神の任務のために永遠の昔から選び別ち給うところの知遇の恩である。エレミヤにおけるヤーウェの選びの信仰はこのようにパウロにおける予定の信仰に近い（ガラテヤ一・一五）。

しかもエレミヤはヤーウェに立てられて「万国の予言者」とせられた。万国の予言者とは諸国民の予言者という義である。万国もしくは諸国民の予言者であれとは、齢二十に過ぎない若者エレミヤにとってあまりにも重大な使命ではあるまいか。されば或る研究者は、この言葉がエレミヤの原作であるということを疑い、捕囚以後の加筆であろうとなし（ドゥーム）、また或る者は「諸国民」の予言者を「わが国」の予言者と読み換えさせている（シュターデ）。しかし諸国民の予言者とは、後に第二イザヤにおけるように、ヤーウェの宗教を伝うべく諸国民へ遣わされた伝道的予言者という意味ではなく、諸国民に係る審判を予告する予言者という意味である（フォルツ）。ヤーウェはエレミヤにとり、ただにイスラエルの神たるに止まらず、全世界の神である。それ故に神の最も忠実なる僕であり、聖旨を何人にもまさって明らかに知る予言者の言葉もまた全世界に関するものである（アモス三・七）。諸国民の予言者とは、換言すれば世界の予言者の義にほかならない。事実エリヤ以来予言者を通して来るヤーウェの言葉は諸国民に関するものであった。特にアモスしかり、イザヤまたしかりである。エレミヤ自身もまたこの事実を明らかに認め、「わたしと、あなたの先に出た予言者は、むかしから、多くの地と大きな国について、戦いとききんと、疫病の事を予言した」と言っている（二八・八）。ただヤーウェはエレミヤに対し、特に「万国の予言者」という名を与え、彼をしてその使命の世界的であることを自覚せしめたのである。またひるがえってエレミヤの生い立った当時の時代的背景から考えても、彼が万国の予言者たる召命を受けたことは彼にとり必ずしも偶然なこととは言えない。何となれば、サマリヤ滅亡後のユダヤは、当時の世界史からひとり孤立することの出来ない立場にあったからである。またエレミヤの限界が、ただ母国のユダにのみ限られなかったことに何の不思議があろう。後年或る者は、エレミヤがヤーウェにより万国の予言者とせられたという意識のうちには、後年における彼の予言者的経験の反影を見るのであると説明する（ヘルシャー）。事実、アウグスティヌスの「告白録」が彼の改悛後十数年を経て書き下ろされたように、エレミヤ書第一章もまた彼の召命経験後約二十年後に記述せられたものであろうと言われる。それ故エレミヤにせよ、アウグスティヌスにせよ、だれがここに彼らの後生涯における経験と思想との反影なしと断じ得よう。しかし、エレミヤの場合、彼のような未経験の若者が、万国の予言者とせられた故にこそ六節以下におけるような大なる怖れと驚きとが彼を襲ったのである。しかも描写は簡潔な筆致ではあるが、真に迫り、活き活きとして人の心を動かすものがある。アウグスティヌスの告白もまたそのように決して仮空の想像でもなく後年の経験の単なる投影でもない。エレミヤは、彼が神の僕として立たしめられた時、過ぎ来し方を回顧し、神の選択の決して偶然ならざるを痛感した。すなわち彼がアビヤタルの末ヒルキヤの子として正しき伝統の家に生まれ、ベニヤミンの地アナトテに生長したことも神の遠大なる計画のうちに予定せられたことであった。ヤーウェの召命を受け、すべては皆彼の如き弱小の者も立てられて万国の予言者となるべき準備なることを知らしめられた。エレミヤはヤーウェの知遇の恩に感激し、その摂理の広さ深さ長さに驚嘆したことであろう。

しかし彼は到底その任にふさわしくないのを恐れ、ヤーウェに対し恩命を固辞するのに、彼が若いため神の言葉を語ることができないのを理由としている。「その時わたしは言った。『ああ、主なる神よ、わたしはただ若者にすぎず、どのように語ってよいか知りません』」（一・六）。エレミヤは若くして深く神のために憂い、祖国のために悩んだことであろう。しかしこのために、彼自らヤーウェの予言者、まして万国の予言者たり得る積極的自信と念願とは毛頭持たなかった。彼は人前に出る資格すらない未成年者にすぎない。のみならず、彼の内気な性格と繊細な感受性とは、彼をして万国の予言者たる事を躊躇せしめた。しかしヤーウェの目にはエレミヤの若きことは辞任の理由とはならない。「主はわたしに言われた、『あなたはただ若者にすぎないと言ってはならない』」（一・七）。神がエレミヤをその僕として選んだことは彼自身が持つ人間的価値のためではない。神は未経験な彼を起こしてその言葉を託すべき器となし給うた。予言者は神の器であり神の僕である。彼はただ忠実にヤーウェの言葉をイスラエルと諸国に語る事をもってその任務を果たし得たのであり、予言者の使命は神の言葉を割引きせずに世に向かって大胆に叫ぶことにある。「すべてわたしがつかわす人へ行き、あなたに命じることをみな語らなければならない」（一・七）。されば予言者は人の顔を恐れてはならない。彼の恐るべきものはただヤーウェの顔のみである。人に喜ばれることを求めて、神に喜ばれることを願いとせざる者は、神の僕にふさわしくない者であると使徒パウロは言う（ガラテヤ一・一〇）。しかし神のために世と戦う者は、彼独り孤独のうちに戦うのではない。神彼と共にいまして戦いの力を絶えず彼に送り給うのである。「彼らを恐れてはならない、わたしがあなたと共にいて、あなたを救うからである」（一・八）。

その時ヤーウェの手は突如エレミヤの口に触れ、これに神の言葉を入れたと聖書は記している（一・九）。この描写の如何に具体的直接的なるかを思え。言葉は神の手自らをもってエレミヤの口に挿入せられたのである。予言者は彼自身を語らず、神をのみ語るために言葉をその口に授けられる（エゼキエル二・八）。旧約の思想において言葉は単なる思想や観念の表現ではない、実践的な力である。ヤーウェの言葉は必ず実現せずしてはやまず、それ自身において発動するところの力を持つ。言葉は空しくは帰らないのである。「このように、わが口から出る言葉も、むなしくわたしに帰らない。わたしの喜ぶところのことをなし、わたしが命じ送った事を果す」(イザヤ五五・一一、同一四・二四参照)。この言葉は予言者の口を通して伝えられ、諸国民に対してヤーウェの審判の力として働く。審判の結果、或る国は滅び、或る民は興される。人類の歴史はヤーウェの御手にあり、万国の興亡はただその主宰のうちにある。「見よ、わたしはきょう、あなたを万民の上と、万国の上に立て、あなたに、あるいは抜き、あるいはこわし、あるいは滅ぼし、あるいは倒し、あるいは建て、あるいは植えさせる」(一・一〇)。ヤーウェは与える故にまた取る。歴史はただ神の意志を実現すべく動くのである。東空の風雲急なるを耳にしたエレミヤは、ヤーウェの審判の目前に迫りつつあるを予感したことであろう。言葉は審判である。それはやがて肉体として具現すべき必然性を備えている。

我々は今エルサレムの神殿において万軍のヤーウェを見るイザヤを思い起こす。イザヤ、エレミヤ両予言者共に、その鮮かな召命経験は、我々に対して深き興味と大きな教訓とを与えずにはおかない。しかし両者の人物とその使命とが異なるように、その召命経験の内容においても必ずしも同一ではない。第一、イザヤにとって彼に臨んだヤーウェは高く上れる御(み)位(くらい)に坐す聖なる王者であり、神と予言者の間には越ゆべからざる距離が残されている。神の従者であるセラピムすら、その翼のうち二つをもって目を蔽わざるを得ないほどであった。汚れた被造物が、聖なる創造主を肉眼視する事はたちどころに死を意味していた。「わざわいなるかな、わたしは滅びるばかりだ。わたしは汚れたくちびるの者で、汚れたくちびるの民の中に住む者であるのに、わたしの目が万軍の主なる王を見たのだから」（イザヤ六・五）。またイザヤの唇を潔めんため、焼けた炭をもってこれに触れたものはヤーウェの手ではなく、セラピムの手であった。しかるにエレミヤの場合にあっては、ヤーウェは初めから彼の傍に立ち、神自らの手をもってその言葉をエレミヤの口に与え、彼をねんごろに励まし彼がヤーウェの僕である限り、彼の護りの城たるべきことを保証している。イザヤの召命経験に、我々はまず神の聖さを感じ、エレミヤにおいては神の近さを感ずる。

第二、イザヤは聖なるヤーウェを見てその身の汚れを痛感し、唇の潔められる事を切に願い求めた。聖なる神の前に立つに耐えざる身の滅びを経験したのである。即ち彼にあっては先ず贖罪あり、続いて召命があった。しかるにエレミヤにおいては先ず聖なる召命を与えられて、ますますこれを負うに難い身の弱小を痛感した。彼は神の援けと護りなくしては一日としてこれを担い得ざる重荷を明らかに自覚したのである。エレミヤの召命の場合はイザヤにおけるが如き贖罪の意識は明瞭ではない。第三、罪と悪とを取り除かれたイザヤは敢然と神のために行くべき使命と力とを感じた。「ここにわたしがおります。わたしをおつかわしください」（イザヤ六・八）。しかるにエレミヤは知己の聖恩に感激しつつもその重荷の前に躊躇逡巡した。彼はその使命の大きさ聖さを思えば思うほど、その重さをも強く感じた。再三再四、上よりの激励がなければ到底起つことのできない彼であった（一・八、一七―一九）。しかしついに彼は立った。そしてその重荷は果たして彼が白髪の老人に至るまでその肩より取り除かれなかった。テコアの牧者アモスにとって、神の強制は果たすべく痛快な使命であったかも知れぬ。しかしアナトテの祭司の子エレミヤにとっては、負うべく余りにも重き苦悩である（グレスマン）。万国の予言者たることは彼にとってまことに強いられた恩寵であった。

4　あめんどうの枝

第一の幻の後エレミヤはさらに第二第三の幻に接した。この三つの幻が果たして互いに前後してほとんど同時に彼に現われたか否かは疑問である。しかし第二第三の幻はエレミヤにとって、万国の予言者たる使命が如何なる内容を持ち、また如何なる必然性を持つかを明らかにしたものであり、第一の幻の補足とも見るべきものである。それ故この三つの幻の関係は、時間的のものではなく、内容的のものでなければならぬ（ウェルシュ）。思うにエレミヤは或る日何心なく庭前のあめんどうの枝を見た。その時彼は突如霊感に打たれ神の声を聞いた。その声は彼に問う、「エレミヤよ汝何を見るか」。彼は答えて「あめんどうの枝を見る」と。声は再び畳みかけるように、「汝よく見たり、そは我、わが言をなさんとして目覚めおればなり」（私訳）と叫ぶ（一・一一、一二）。何故エレミヤはあめんどうを見る事により神の声を聞いたのであろうか。この疑問はヘブル人の趣味である懸け言葉が解いてくれる。元来は、あめんどうは一月頃淡紅色の可憐な花をひらく植物であり、日本の梅のように長い冬眠の後、春来を最初に告げるものはこの花であるという。それ故に「目覚めの樹」（シャーケード）という名称を与えられている。ルターがこれをあめんどうと訳さずに「目覚めの枝」と訳したのはむしろ字義に近いのである。ヤーウェは「目覚めの樹」を見ると答えたエレミヤの答えを直ちに受けて、「我は我が言をなさんとして目覚めあればなり」とその意志を明らかにしている。「目覚めている」とはショーケードである、シャーケード（目覚めの樹＝あめんどう）とショーケード（目覚めている）とは言葉の綾をなしているのである（アモス八・一―二参照。果物〔カイツ〕と終〔ケーツ〕とが懸け言葉を構成する）。

しからば、「わたしは自分の言葉を行おうとして見張っているのだ」とは何を意味するのであろうか。或る人々は説明して言う。エレミヤはあめんどうの花の開いた一ふりの小枝を見、これによって冬過ぎ春来たりつつあるを知った。そこには溢れるばかりの希望を抱かしめられる。マナセ時代の沈鬱な宗教圧迫と偶像礼拝はようやく終り、ヨシア王によってヤーウェ宗教の復興は近く来たりつつあった。あめんどうの花はこの希望を暗示するのであると（スキンナー、スミス）。しかし、エレミヤの見たものはあめんどうの枝であって、その花ではない。のみならず彼がこの樹の花を見ることにより、イスラエルのために希望と歓喜とを期待したとせば、何故彼は第三の幻において禍いの北より来ることを憂えさせられたのであろうか。救済は審判に先んじ、希望は暗黒に先立つものであろうか。またこのような希望は第一の幻における、「見よ、わたしはきょう、あなたを万民の上と、万国の上に立て、あなたに、あるいは抜き、あるいはこわし、あるいは滅ぼし、あるいは倒し、あるいは建て、あるいは植えさせる」（一・一〇）というヤーウェの言葉と如何なる関係に立つものであろうか。思うにヤーウェがあめんどうの枝によってエレミヤの注意を喚起した事は、冬を過ごし春を待つ輝くばかりの希望にではなく、イスラエルの民が未だ冬眠を貪る時、ヤーウェひとりのその言葉の実現のために目覚めていることを指すのであろう。そしてその言葉とは、実に諸国民の運命に関し、或いはこれを滅ぼし、或いは彼を建てることにあった。なかんずくユダをその罪のために北敵をもって罰することにある。神の僕である予言者は、同胞が安逸を盗み、一時を糊塗する場合にも、ヤーウェと共に来たるべき審判を望んで目覚ましめられた。ヤーウェも予言者も、空しくは帰り来たらざる神の言葉に対し甚だ熱心であった。しかるに、「彼らは手軽に、わたしの民の傷をいやし、平安がないのに、『平安、平安』と言っている」のは偽わりの予言者、偽わりの祭司である（八・一〇、一一）。

5 煮え立っている鍋

第三は煮え立っている鍋の幻である。原文には「北からこちらに向かっています」（一・一三）とあるが、その文意は必ずしも明瞭ではない。何故煮え立っている鍋が北からこちらに向かう事と、災いが北から起こってユダに及ぶ事とが関係あるのであろうか。多くの注解者は北に位置する鍋のうちに沸騰する熱湯が、南に向かって溢れ出るのである、すなわち北敵が南方を襲い来るのを暗示するのであると説明する。しかしこの説明は無理である。或る研究者は、原文を少しく変更し、「北に向かっている」と読ませている（ドゥーム）、鍋の面とは火焚き口のことであり、かまどは北から燃料と風とを受けて鍋の湯は煮え立つ。しかし鍋の面とこれを支えるかまどの焚き口とは必ずしも同一ではない。その故にこの研究者によるテキストの訂正にもなお無理が残されているのであるが、原文よりはやや文意が明瞭となるように感ぜられる。すなわち北に向かって設けられた鍋は北風にあおられて一時に沸きかえる如く、ユダもまた北敵に襲われて国内は甚だしき混乱に陥るであろうとの意である。すなわちこの幻においてユダは鍋、その民は沸騰する熱湯、燃料と風とは北敵を意味するのであろう（ここにも言葉の綾が用いられているようである）。

しからば、「北よりの災い」とは何を意味するか。アッシリヤは当時大建築が今まさに倒れようとして何人もこれを支える者のいない没落の過程にあり、新興国バビロニヤ、メディアともにアッシリヤを倒すべく多事であった。メソポタミヤの諸国はこのように相互の抗争に多事で、到底その膂力(りょりょく)を南に向かって延ばす余裕はなかったのである。従来通説はこの北敵とはスクテヤ人を指すのであるとなしていた（エレミヤ四・五以下）。しかしスクテヤ人の近東来襲はギリシャの史家ヘロドトスのみの伝えるところであり、その年月についても必ずしも明瞭ではない。たとえ彼らがシリヤ、パレスチナの地方を襲ったとしても、それはすでにエレミヤの召命経験に先立つ事件であった（紀元前六三五年頃）。それ故にエレミヤが過去の事件を将来の予言として繰り返したとも考えられない。エレミヤにおける北敵の予言がスクテヤ人と無関係であることは、ウィルケの研究以来これを支持する者が多い。のみならず聖書もまた、「北の国々のすべての民」と称し、何国何族なるかを明瞭にしてはいない。国々諸民族であるから、スクテヤ人一族を指すものでないことは文意からも判断し得る（一・一五）。

エレミヤは予言者であり、政治家ではなかった。それ故果たして如何なる種族が北敵としてユダを襲って来るかについて彼には適確な知識はなかった。彼はただ北方の空にみなぎる戦雲について深き憂いを持ち、この憂いはヤーウェそのものに原因することを知るのみであった。エレミヤが万国の予言者とせられたということは、彼が国際政治家ではなく、世界を神認識にまで導く教育者であったという意義である（フォルツ）。あたかもアモスがイスラエルは審判の結果として神の手によりダマスコの彼方に捕われ行くことを予言しつつも、その行先きが如何なる国であるかを明示しなかったように（アモス五・二七）、エレミヤも北敵が如何なる民族なのか明言していない。両予言者にとり、ヤーウェの審判をもたらす使者が何者であるかはいわゆる神秘なる認識であり、予言者が適確に知るところではなかった。それ故或る研究者は、このような漠然たる審判予言は終末的なるものであり、従って捕囚以後のものと断ずる。しかし予言者の審判予言はその本質上元来終末的なるものであり、必ずしも捕囚以後の時代を待つことを要しない。我々はアモスにおいてもまたホセアにおいても、その予言のうちに終末的なものを見るのである。従ってエレミヤの審判予言をもって終末的となすのは正しい。しかしその理由をもってこの予言が捕囚以後の加筆とするのは全然失当である。このようにエレミヤにおける北敵来襲の予言の基礎は彼の政治的洞察によるのではなかった。何故イスラエルは今罰せられるのであるか。それは彼らが「悪事」をなせるためである。しからば、「悪事」とは何か。「彼らは他の神々に香をたき、自分の手で作った物を拝」する不信仰無節操を指すのである（一・一六）。このようにイスラエルのヤーウェに対する背信と偶像礼拝とが審判の理由であった。それ故審判の主はメソポタミヤの諸国の王にではなく、ヤーウェ自身にほかならぬ。予言者を沈黙させたマナセの治世は過ぎた。しかしユダ人はエルサレムの山においても、地方の聖所においても、また家々においても、異教の神々に仕えてヤーウェの存在を忘れた（一九・一三）。嫉みの神であるヤーウェは、ユダの民を北敵に渡すことにより、その審判を成就しようとする。イスラエルの罪こそ審判の根拠であり、神の怒りこそ災厄の原因である。このようなエレミヤの審判予言は、バビロニヤの手により紀元前五九七年、五八六年の二回にわたって実現し、エルサレムはここ（一・一五）に記されているように囲まれ、その民は捕えられユーフラテスの河畔に引き行かれた。しかしエレミヤがその召命の当時、幻のうちに望見した北敵は、バビロニヤにも非ず、スクテヤにも非ず、ましてアッシリヤにも非ず、単に北敵すなわち、北よりの災いに過ぎなかった。

エレミヤは万国の予言者とせられ、その予言は諸国民の運命に関するものであった。しかし彼の関心の主なるものは祖国であり、憂いはその罪の上にある。エレミヤほど激しく国を愛した予言者は稀であろう。それ故に彼は同胞に対し厳しかった。イスラエルはヤーウェに最も強く愛せられ、民は神を最も深く知るが故にその罪はまた最も激しく罰せられなければならぬ（アモス三・二）。エレミヤが万国の予言者であったことと、彼が神の審判をまず同胞に向かって叫んだこととは矛盾しない。祖国を真に愛することは、国境を越える万民の神を信ずる者にして初めて可能である。世界を支配する神ヤーウェに召されて予言者となったエレミヤは、同胞を愛したが故に神の言葉をもってこれを鞭うたざるを得なかったのである。

エレミヤは使命の内容がますます明らかとなってこれを負う事の困難をいよいよ大きく感

じた。彼の予言者的生涯の悲劇はこのように使命のあまりに重かったことと、彼の性格のあまりに繊細であったことより起こる（シュミット）。ヤーウェはいよいよますます躊躇するエレミヤを再び鞭撻（べんたつ）し、彼のため堅き城、鉄の柱、青銅の城壁となるべく、また彼に向かって戦いを宣する者の敗北を約束した。「『見よ、わたしはきょう、この全国と、ユダの王と、そのつかさと、その祭司と、その地の民の前に、あなたを堅き城、鉄の柱、青銅の城壁とする。彼らはあなたと戦うが、あなたに勝つことはできない。わたしがあなたと共にいて、あなたを救うからである』と主は言われる」（一・一八、一九）。ウォルムスの会議に赴いた修道僧ルターの如く、エレミヤもまた神の言葉を抱き、またこれに護られてエルサレムの王とつかさと祭司とに立ち向かわねばならなかった。わずか二十歳の若者を守る者はただヤーウェのみであった。しかりヤーウェはエレミヤを激励して言う、「その面に驚くなかれ、われ彼らの前に汝を驚かしめざらんために」（私訳）。再び繰り返す、神の僕はただ神をのみ畏るべきである。彼はこの世の如何なる勢力からも解き放たれて、自由であるはずである。しからざれば神は彼を人の前に面罵なし給うであろう。今の代において主を恥じる者は神の国においても主より辱しめを受けねばならぬ（マルコ八・三八）。ヤーウェのみ、その僕の岩、避けどころ、城、やぐら、盾なりという信仰は、苦難の時代にその信仰のために戦った旧約の詩人を如何に励ましたことであろう。地上の如何なる力、迫害も、飢えも、剣も、御使も権威も、何者も奪うべからざる神への信頼は、ただ主の僕にのみ与えられる。天地を創造し、歴史を主宰する聖にして義なる唯一の神を信じることこそ、彼らにとって真の生活、永遠の生命であった。エレミヤ自身偉大なる詩人であった。そして彼の六十年にわたる苦難の生涯を通して鍛えられた信仰と思想とは、さらに多くの詩人をヘブルの歴史のうちに起こした。彼が詩篇に寄与したものはただその精神のみではない、用語の末に至るまでしかりである。ウェルハウゼンは言う、「エレミヤなくんば詩篇なし」と。

6　結　語

ヨシア王の十三年、アナトテの少年エレミヤは突如神に捕えられた。この時、彼は母の胎を出でざる先に神に選ばれ、万国の予言者と定められていた事を自覚した。彼はこの無法なる強制の故に神と争った。そして彼は幻によって神の審判の近いことと、北敵の迫っていることとを知った。彼の使命はまず祖国ユダの背信を糾弾すべくエルサレムの街頭に叫ぶことであった。

「書物を書くにあたり、最後に見いだすものはまず最初に来るはずである」とは、パスカルの言葉であるという。半世紀に近いエレミヤの生涯と事業と思想もまた、エレミヤ書開巻第一章に含まれた萌芽の発展と帰結にほかならぬ。ここに描き出されたものは、幻と言おうよりはむしろ祈禱である。彼は神とただ二人の対話において争った。問題はこの世の易きにつくか神の難きにつくかである。神と同胞のために彼の若き憂いは熱し、神の幻を見るまでに激しかった。しかし彼は到底自らの力において立つことはできなかった。彼をして立たしめた者は彼の力ではなく神の励ましである。創始(イニシアティブ)は神の側にある。彼が神を選ぶ前に、神は彼を選んだ、否、母の胎にあらざる先に彼を聖め別った。故に神の現前に引き出されたエレミヤにとって、ただ命これ従うのほかに途はなかったのである。神を見た者は神のために生きねばならぬ。神と争ったエレミヤは果然圧倒され敗北した。人間エレミヤは倒れて彼は神の言葉のために遣わされ、その僕となった自己自身を見いだした。スキンナーはこれを、「傾向に対する良心の勝利だ」と言っている。神の前に出る時、人は丸裸である。おののく良心をもって、しかり、しかり、いな、いな、と答えるのみである。エレミヤの神は、「正しき者を試み、人の心と思いを見られる万軍の主」である（二〇・一二）。人を欺きえても、神を欺く事は不可能である。エレミヤにとって選ぶべき途は、ただ神の僕となるか否かにあった。神の選びは何人に来るか、また何時来るか人の知るところではない。ただ神のみ永遠の昔から定め給うところである。人は神の定めに従って歩むほかはない。これを好むと好まざるとは人の考慮であって神の与(あずか)り知らぬところである。神は土の器を起こしてその僕となし給う。神と人との争いはヤボクを渡ったヤコブの時のようにエレミヤにおいても激しかった。しかし勝ち給うた者は神である。エレミヤはその久しき苦難の生涯のうちに、この一事を繰り返し繰り返し経験した。彼がその生まれた日を呪った時も、ヤーウェの言葉を再び語らないと心に決した時も、ヤーウェは彼を捉えて凱旋することをその召命の最初から骨に徹して自覚せしめられた。「あなたはわたしよりも強いので、わたしを説き伏せられたのです」（二〇・七）。神に捉えられた者は災いである。しかし彼はこの世の何者も破り得ない力の上に立つ神の僕である。

ヒッポーの監督に任命せられたアウグスティヌスは、その任の重きをなげき一夜泣き沈んだという。エレミヤもまた万国の予言者たる十字架を負い、エジプトの地に殉教の死をとげたとユダヤ教の伝説は伝えている。

神とエレミヤ

エレミヤは旧約予言者中最も興味ある人物の一人であろう。もしイザヤをその神学的思想において最も偉大なる予言者とすれば、エレミヤはその宗教的体験において最も深刻なる予言者ということが出来ると思う。第一次世界大戦後エレミヤに関する著述がしきりに公けにされる。英語ではスキンナーの名著「予言と宗教」ほか数種出ており、ドイツ語でもフォルツの注解ほか二、三種の研究が発表せられている。何故このように近年エレミヤの研究が盛んなのであろうか。思うに欧州の諸国が第一次世界大戦によって経験した苦悩は、エレミヤ書においてよく反影を見せているためではあるまいか。血生臭い惨劇によって力うちひしがれた西欧の諸国民は、苦悩そのものともいうべきエレミヤの生涯を再び顧みることによって、深き反省とまた慰めとが与えられることであろう。次にエレミヤ自身の宗教の故である。すなわち、彼の深刻な人格的個人的宗教の再評価が今一度新しく試みられたためではなかろうか。大戦は欧州の人々に、国家の組織も、社会の制度も、宗教の儀式も、人の霊魂に対しては永遠の平和を保証し得ざることを痛切に教えた。教会が国家の奴隷であり、宗教が国家の権力と固く結合せられてあるかぎり、人類の真の平和は来たらない。欧州列強は同じ神、同じキリスト・イエスの名において干戈を交え、兄弟相食むの惨事を敢えてせねばならなかった。

エレミヤは、旧約において人格的個人的宗教の最初の主張者であったと見てもよい。ロバートソン・スミスの説くように、元来イスラエルの宗教においてその単位は個人に非ずして国民全体であった。神ヤーウェの前に立つ者はイスラエルそのものであり、イスラエルの個人個人ではない。しかるに旧約の宗教はエレミヤにおいて、従来共同体的であった宗教の単位が個人にまで推移して行ったのであるから、エレミヤはイスラエルの宗教思想史において画期的な人物として極めて深い意義を持っている。

エレミヤが予言者としての召命を受けてから約四年、申命記律法は紀元前六二二年に発布せられ、エルサレムの神殿をヤーウェに対する唯一の礼拝所と定めるところの礼拝統一の法令が実施せられるに至った。多くの旧約研究者はこの申命記律法を指して後世のユダヤ教の発端であり、この萌芽が予言者エゼキエルを通し、またエズラ、ネヘミヤの努力によってユダヤ教にまで発展して行ったのであると説明する。イエスの時代のパリサイ主義が、律法のうちに究極の啓示を発見しようとするこのユダヤ教と同じ流れに立つものであることは言をまたない。しかるに他方エレミヤに始まる個人的人格宗教は、ヨブ記或いは詩篇の信仰にまで深められて行った。詩篇の宗教は、我々がこれを新約聖書の巻末に付し、日常の生活の奨励とし、慰籍として味読するほどに新約の信仰に近いことは周知のことに属する。そして詩篇に流れる個人的な宗教経験は、ユダヤ末期における黙示文学の基調をなし、イエス・キリストの宗教にまで流れ入った。このようにエレミヤにおいてイスラエルの国民的宗教はひとまず解体し、爾後個人的人格的宗教として新しい出発を始め、来たるべき神の国は新しい基礎の上に再建せられねばならなかった。それ故スキンナーはエレミヤを指して、「予言者の終りにして詩人の初めなり」と称している。後世における二つの信仰の流れ、すなわち精神的な信仰と形式的な宗教、イエス、パウロの宗教とパリサイの信仰、この両者がほぼ時を同じくして（紀元前第七世紀の末頃）旧約歴史の中に発足していることは、興味ある宗教史の現象であると思う。

エレミヤは旧約の神観に対し、何ら特殊な貢献をなしていないというのは不当な誣言であろうか。アモスはヤーウェを正義と公道の神と見、ホセアがこれを愛する夫、情けある父として経験し、イザヤが聖なる王者として礼拝したのに対し、エレミヤはこのような意味において旧約の神観に何ら新しい寄与をなしていない。しかし彼の偉大、彼の独創は、その神観の特殊性にあるのではなく、彼の宗教経験の深さにあった。すなわち先人達が建設した神観を、彼の長くして多難であった信仰の生涯の中に生かしぬいた点に彼の独特な貢献がある。エレミヤの予言者活動は実に四十年の長きに及び、旧約の予言者中、彼は最も長く宗教的活動をつづけた一人である。彼のほぼ六十年の生涯の間は、或いは北敵来襲の脅威、ヨシア王の宗教改革、アッシリヤの都ニネヴェの陥落、エルサレムの民のバビロン捕囚等、内に外に目まぐるしい激動の時代であった。それ故彼の宗教思想を、歴史的背景を無視し、単に平面的に解釈しようとすることは不可能なるのみならず無意義である。そこには発展があり、迂余曲折があることを認めねばならぬ。ただ彼の深い宗教経験が思想的に表現せられたもののうち、最も特色ある二つのことは予定の信仰と新しい契約の思想である。彼の言葉に従えば、前者は、「わたしはあなたをまだ母の胎につくらないさきに、あなたを知り、あなたがまだ生まれないさきに、あなたを聖別し、あなたを立てて万国の予言者とした」（一・五）という予言者的召命の確信であり、後者は、「わたしは、わたしの律法を彼らのうちに置き、その心にしるす。わたしは彼らの神となり、彼らはわたしの民となる」（三一・三三）という内面的宗教の主張である。すなわちヤーウェとの契約の印は、もはやモーセに与えられた石の板に刻まれた戒律ではなくて人格的信頼と服従との関係である。パウロのいわゆる肉に割礼を受けずしてこれを心に受けることであった。

エレミヤの性格はむしろ女性的であったといわれる。はずかしがりやで、内気で、臆病で、自己批判の鋭い人であった。人前に出るのを怖れ、孤独を愛する性質であった。彼がヤーウェの召命を受けた時、「ああ、主なる神よ、わたしはただ若者にすぎず、どのように語ってよいか知りません」（一・六）と逡巡している。熱烈なる感情の持主であり、時にまた憂鬱なる感傷家でもあった。彼の異常に繊細なる感受性が、彼に普通人以上の精神的苦悩を与えたことは推測に難くない。アモスは朴訥なる農夫であった。イザヤは雄大なる思想家であり、烱眼な政治家でもあった。もしイザヤをアモスの後継者とすれば、エレミヤは確かにホセアの衣鉢を継ぐ予言者と見ることが出来よう。ホセア、エレミヤ両者共に性格において、思想において、相通ずるものがあり、エレミヤがホセアの精神的感化を意識的にも無意識的にも最も深く受けたことは疑いを容れない。特にエレミヤの初期の予言においてホセアの思想的影響は著しい。例えばヤーウェとイスラエルとの関係を、彼もまた夫と妻との関係にたとえ、それ故イスラエルの罪をもってヤーウェに対する姦淫と無節操として考えている（エレミヤ二章参照）。

このように女性的な一見弱々しい性格のエレミヤが、神に聖別せられ、「万国の予言者」とせられたことはまことに不思議なことである。しかもエレミヤの生涯を通じて、その使命に対し、不屈不撓の強靭な弾力性のひそんでいることを我々は発見する。彼の予言者的活動のうちに蛇の如き執着力があるのは確かに一つの驚異である。けだしエレミヤほど神に強く捕われた者の一生を如実に生活した者は、他に多くあるまい。彼は、「神の僕」という名称を他の予言者よりも多く用いている。いわゆる「神の強制」の下にヤーウェの僕として徹底的に生かしめられた予言者こそエレミヤであろう。神の強制は、感情的にして動揺しやすい彼の性格を灼熱する熔炉のうちに投げ入れ、神の僕にまで鍛え上げた。主観的な彼の信仰と思想をまったく客観的なるものに造りかえたものは、実にこの力である。強いられた恩寵の体験者、それがエレミヤの姿である。ヤーウェに反逆的なユダの運命を、か弱き双肩に負わしめられた彼の受難の一生は、また実に失敗そのものの歴史であった。

あめんどうの枝と煮えたぎる鍋の幻に暗示せられて警告した北敵来襲の予言は、的中せずに、彼は人々の物笑いとなり、ヨシア王の宗教改革に熱心に賛同し、郷里アナトテの人々の怨恨と呪いとを買った。異端的なエホヤキム王を巻物をもって直諫し、かえって迫害を招き、またバビロニヤの王ネブカドネザルがエルサレムを囲んだ時、城中の民に降服を勧め、売国奴として土牢に投ぜられた。そしてエルサレム陥落にあたって同胞に強いられてエジプトに携え行かれ、ここに殉教の死を遂げたと伝えられている。彼が真理を語ろうとする時、かえって人の笑いとなり、嘲りの対象となった（二〇・七）。ヤーウェの言葉はエレミヤにとって恥辱となり、嘲笑の種となるのみである（二〇・八）。それ故彼の生まれた日は祝せられずにむしろ呪わるべき禍いの日であると嘆いている（二〇・一四）。彼はこのようにしてその使命に忠実であればあるほど人に捨てられ、孤独とならざるを得なかった（一五・一七）。神のためには兄弟をも骨肉をも信ずる能わざる境涯におとし入れられたのである（一二・六）。彼はついに再びヤーウェの言葉を語るまいと決心した（二〇・九）のであるが、ヤーウェの言葉は彼の心のうちにあり、骨の髄の中にあって火の如く燃え、忍ぶに疲れて耐え難い苦悩を経験した。しかし、ヤーウェとエレミヤとの血みどろの格闘の末、打ち勝った者は、エレミヤではなくヤーウェであった。彼は告白する、「あなたはわたしを説き伏せられた」と（二〇・七）。エレミヤが剣折れ矢つきて神の前にいっさいを放棄した時、彼の傍に立った神こそ、「正しき者を試み、人の心と思いを見られる万軍の主」であった（二〇・一二）。実に人の建てたバベルの塔が微塵に粉砕せられた時、その荒廃の地に新しい神の都は築かれるのである。

エレミヤはその召命経験において自己自身を知らしめられた。すなわち弱少なれども神の器たるの確信にまで導かれたのである。しかし彼が苦闘の一生を通して到達した結論は、神の僕となることは自己自身の放棄であるという一大事であった。彼が母の胎にある時からヤーウェの選びに入れられたのは、祖国の罪を負う受難の僕たらんがためであることを、その身において体験したのである。スキンナーは言う、「エレミヤの召命は単なる自己の発見に非ずして人格的なる実在に対する自己放棄である」と。エレミヤが自己の力において立つことに絶望した時、初めて絶対的に神の僕たることを得た。性格の弱さを忘れ、力足らざるを顧みる余地なく神の前に立たしめられ、イスラエルに遣わされ、これがために苦しむ使命が与えられた。そして倒されても攻められても、詮方つきても、窮せず、屈せず、希望を失わない苦闘の一生は、このようにして展開せられたのである。彼は神と祖国のため七転八起の生涯を貫いた。そしてその結論は殉教の死であった。

エレミヤほど自我の自覚の鮮明なる予言者はあるまい。彼は単なる神の代弁者ではなく、選ばれた神の器であった。彼の生涯が苦悩にみちていたのは彼の良心の感覚があまりにも鋭敏であったためではあるまいか。鮮明なる意識の働かぬ所に、真剣な信仰生活はあり得ないと思う。イスラエルの予言者もその発生の初期においては、カナンの予言者達と大なる相違はなかった。すなわち彼らは機械的なる恍惚経験のうちに神の幻に接し、神の声を聞いたのである。彼らはただヤーウェの代弁者たるに止まり、予言者自身の良心において神の言葉を反省するの余裕はなかった。しかるに大予言者達が出るに及んで機械的なる予言は人格化せられ、予言者は神との人格的なる対話において良心と理性とをもって神の言葉に対し真摯率直に応答せざるを得ざるに至った。そしてこの特色はエレミヤにおいて最も著しい。ヤーウェの言葉はエレミヤの理性のうちに咀嚼(そしゃく)せられ、彼の意志のうちに活動するに至るまで、彼は、苦しまねばならなかった。鋭く、そして激しい彼の自我が、まったく神の前に屈服した時に、彼はヤーウェの神託に対し、心より「しかり」と答えることを得たのである。実人生のまっただ中における霊魂の苦闘を避けては真に神の声を聞くことは出来ぬ。

その故にこそ、エレミヤは祈りの人であった。ウェルハウゼンは彼をもって、「真の祈りの父」とよんでいる。良心の感覚の鈍磨せる魂に真の祈りはない。祈りは汝と我との激しい対話である。彼と人との厳粛なる人格的対立あるところに真の祈りがある。エレミヤはしばしば滅び行く同胞のために祈り、また自己自身のために祈った。エルサレムの神殿を奪われ、犠牲を失ったユダヤ人は、後世祈りの団体としてその宗教生活を継続した。ウェルシュが、「エレミヤはシナゴーグの精神的建設者である」と言ったのはこのためである。祈禱の団体としてのシナゴーグは、実にエレミヤの宗教に始まると言っても過言ではない。鮮明なる我の意識の聖化せられるところに良心的なる信仰の主張があり、個人的人格的なる宗教が誕生する。ここにまた深刻なる祈りが行なわれ、神と我との厳粛なる霊魂の格闘が戦われる。このようにして神によってまったく打ち砕かれた魂こそ神の忠実なる僕とせられるのであり、神のための殉教者となる資格を与えられる。エレミヤに独特なる「新しい契約」の思想も、単に律法的な宗教が精神的な宗教となったという意味に止まらない。また外形的なものが、ただ内容的となったの謂でもない。それは旧約の宗教がついに人格的な祈禱の宗教にまで発展し深化したという意味であろう。

エレミヤは世の初めから神に選ばれた予言者であった。その故にヤーウェは彼の城となり、盾となり、青銅、鉄の城壁となって、彼を守り彼を導いた。如何なる敵も神の僕たる彼を撃ち破ることを得ない。ヤーウェはエレミヤにとり励ましの神であり慰めの神である。しかしこの神はたえずエレミヤの良心に迫まる義の神であった。彼はヤーウェを指して、しばしば、「人の心と思いを見られる神」と呼んでいる（一一・二〇、一二・三、一七・一〇、二〇・一二）。人はよし己れを欺くことを得ても、神の目をかすめることは不可能である。神の大前に立つ時、人は赤裸であり、弁解の辞を持つことを許されない。エレミヤの神はこのようにして近くして遠き神であった。ヤーウェの言葉、エレミヤにのぞんで言う、「わたしはただ近くの神であって、遠くの神ではないのであるか」と（二三・二三）。

この項については拙著『真実——予言者エレミヤ』参照。

「主の僕」の歌

——イザヤ書四二・一—四、四九・一—六、五〇・四—九、五二・一三—五三・一二の研究——

1

1　わたしの支持するわがしもべ、わたしの喜ぶわが選び人を見よ。
　わたしはわが霊を彼に与えた。
彼はもろもろの国びとに道をしめす。
2　彼は叫ぶことなく、
　声をあげることなく、
その声をちまたに聞えさせず、
3　また傷ついた葦を折ることなく、

ほのぐらい灯心を消すことなく、
真実をもって道をしめす。
4 彼は衰えず、落胆せず、
ついに道を地に確立する。(イザヤ四二・一―四)

2

1 海沿いの国々よ、わたしに聞け。
遠いところのもろもろの民よ、耳を傾けよ。
主はわたしを生れ出た時から召し、
母の胎を出た時からわが名を語り告げられた。
2 主はわが口を鋭利なつるぎとなし、わたしをみ手の陰にかくし、
とぎすました矢となして、箙(えびら)にわたしを隠された。
3 また、わたしに言われた、「あなたはわがしもべ、
わが栄光をあらわすべきイスラエルである」と。
4 しかし、わたしは言った、「わたしはいたずらに働き、
益なく、むなしく力を費した。

しかもなお、まことにわが正しきは主と共にあり、
　わが報いはわが神と共にある」と。
5　ヤコブをおのれに帰らせ、
　イスラエルをおのれのもとに集めるために、
わたしを腹の中からつくって
　そのしもべとされた主は言われる。
（わたしは主の前に尊ばれ、わが神はわが力となられた）
6　主は言われる、
「あなたがわがしもべとなって、ヤコブのもろもろの部族をおこし、
イスラエルのうちの残った者を帰らせることは、いとも軽い事である。
　わたしはあなたを、もろもろの国びとの光となして、
わが救を地の果にまでいたらせよう」と。（同四九・一―六）

3

4　主なる神は教をうけた者の舌をわたしに与えて、
　疲れた者を言葉をもって助けることを知らせ、

また朝ごとにさまし、わたしの耳をさまして、
　教をうけた者のように聞かせられる。
5 主なる神はわたしの耳を開かれた。
　わたしは、そむくことをせず、退くことをしなかった。
6 わたしを打つ者に、わたしの背をまかせ、
　わたしのひげを抜く者に、わたしのほおをまかせ、
恥とつばきとを避けるために、顔をかくさなかった。
7 しかし主なる神はわたしを助けられる。
それゆえ、わたしは恥じることがなかった。
　それゆえ、わたしは顔を火打石のようにした。
わたしは決してはずかしめられないことを知る。
8 わたしを義とする者が近くおられる。
だれがわたしと争うだろうか、われわれは共に立とう。
わたしのあだはだれか、わたしの所へ近くこさせよ。
9 見よ、主なる神はわたしを助けられる。
だれがわたしを罪に定めるだろうか。
見よ、彼らは皆衣のようにふるび、しみのために食いつくされる。（同五〇・四―九）

13　見よ、わがしもべは栄える。
　彼は高められ、あげられ、ひじょうに高くなる。
14　多くの人が彼に驚いたように――
　彼の顔だちは、そこなわれて人と異なり、
　その姿は人の子と異なっていたからである――
15　彼は多くの国民を驚かす。
　王たちは彼のゆえに口をつむぐ。
　それは彼らがまだ伝えられなかったことを見、
　まだ聞かなかったことを悟るからだ。

4

1　だれがわれわれの聞いたことを信じ得たか。
　主の腕は、だれにあらわれたか。
2　彼は主の前に若木のように、
　かわいた土から出る根のように育った。

彼にはわれわれの見るべき姿がなく、威厳もなく、
　われわれの慕うべき美しさもない。

3　彼は侮られて人に捨てられ、
　悲しみの人で、病を知っていた。
また顔をおおって忌みきらわれる者のように、
　彼は侮られた。われわれも彼を尊ばなかった。

4　まことに彼はわれわれの病を負い、
　われわれの悲しみをになった。
しかるに、われわれは思った、
　彼は打たれ、神にたたかれ、苦しめられたのだと。

5　しかし彼はわれわれのとがのために傷つけられ、
　われわれの不義のために砕かれたのだ。
彼はみずから懲しめをうけて、
　われわれに平安を与え、
その打たれた傷によって、
　われわれはいやされたのだ。

6　われわれはみな羊のように迷って、

おのおの自分の道に向かって行った。
主はわれわれすべての者の不義を、
彼の上におかれた。

7
彼はしえたげられ、苦しめられたけれども、
口を開かなかった。
ほふり場にひかれて行く小羊のように、
また毛を切る者の前に黙っている羊のように、
口を開かなかった。

8
彼は暴虐なさばきによって取り去られた。
その代の人のうち、だれが思ったであろうか、
彼はわが民のとがのために打たれて、
生けるものの地から断たれたのだと。

9
彼は暴虐を行わず、
その口には偽りがなかったけれども、
その墓は悪しき者と共に設けられ、
その塚は悪をなす者と共にあった。

10
しかも彼を砕くことは主のみ旨であり、

主は彼を悩まされた。
彼が自分を、とがの供え物となすとき、
その子孫を見ることができ、
その命をながくすることができる。
かつ主のみ旨が彼の手によって栄える。
11 彼は自分の魂の苦しみにより光を見て満足する。
義なるわがしもべはその知識によって、
多くの人を義とし、また彼らの不義を負う。
12 それゆえ、わたしは彼に大いなる者と共に
物を分かち取らせる。
彼は強い者と共に獲物を分かち取る。
これは彼が死にいたるまで、自分の魂をそそぎだし、
とがある者と共に数えられたからである。
しかも彼は多くの人の罪を負い、
とがある者のためにとりなしをした。（同五二・一三―五三・一二）

1　序　言

予言者エレミヤ以後、旧約の宗教は二つの流れとしてそれぞれの体系を形づくるに至った。一つは律法的祭司的宗教であり他は精神的個人的宗教である。そしてエレミヤに発したこの個人的内面的宗教が、或いは第二イザヤを動かし、ヨブ記作者を起こし、詩篇詩人をして、「心の歌」を歌わしめるに至った。イスラエルの罪を批判する審判予言者としての紀元前第八世紀、第七世紀の大予言者達の宗教運動は、エレミヤをもってひとまず終結を告げた。しかしエルサレムの陥落とバビロン捕囚によって力萎え、首うなだれたイスラエルを励まし慰め、国民に、より広い、より高い信仰の展望を与えた予言者こそ、いわゆる第二イザヤ、すなわちイザヤ書第四〇章―五五章を書き綴った無名の一予言者である。彼はその予言の冒頭において、「慰めよ、わが民を慰めよ」（四〇・一）と慰藉と激励との言葉を高く掲げている。

バビロン捕囚（紀元前五八六年）はイスラエルにとって無比なる歴史経験であった。ネブカドネザルによりエルサレムの民のうち指導的位置を占める王をはじめ、祭司も政治家も異教国バビロニヤの地にうつされ、神の選民はまことに飼う者のない羊のようにその向かうべき方向を知らないという有様であった。イザヤが不落を保証した「神の都」もついに陥落したのである。神の恩顧は、もはやその民を離れてこれを捨て去ったのではないのか、失望と落胆の日はつづいた。しかしバビロニヤにおけるイスラエル人は、一方望郷帰還の念にたえ難く感じつつも、他方彼らはより広い世界に面接する事を得、大予言者達がその予言のうちに望見した当時の世界を、彼らは現実に目撃したのである。イスラエルの神ヤーウェは、国が破れると共に滅んだであろうか、今より後バビロニヤの神々が彼らの神として礼拝さるべきであろうか。否、バビロニヤもまたイスラエルの神ヤーウェの支配に属する国土である。捕囚は決して選民のヤーウェに対する信仰を破壊するものではなくて、これをより高く、より大なる姿にまで引き挙げる神の摂理である事を実感せしめられた。そしてこの摂理を鋭く洞察し得た予言者こそ、実に第二イザヤである。捕囚の経験と第二イザヤに臨んだ神の啓示とは、旧約の神観をしてついにその到達すべき目標へと導いた。そして第二イザヤを貫く根本的精神は、ヤーウェこそ世界神であるという確信と、イスラエルはこの神の信仰を世界のはしばしにもたらすべき「主の僕」であるという自覚とである。イスラエルの神ヤーウェは、今や世界の歴史を指導する神、否、宇宙を創造し、これを支配する唯一の神である。それ故この神の民であるイスラエルは、世界の未だ見ず、未だ聞かざる無比なる宗教を宣べ伝うべき責任をその双肩に担わしめられた神の選びの器である。このように第二イザヤにおいてイスラエルの絶対的唯一神観が確立せられると共に、それ故にまた旧約聖書における伝道思想も力強く唱道せられるに至った。いわゆる「主の僕」の歌は、このような時代的背景のもとに歌い出された伝道の歌である。

2 「主の僕」の歌の成立

この歌が何時頃何人の手によって書かれたか、またその主体すなわち「主の僕（エベド・ヤーウェ）」とは何びとを指すのであるかの問題は、旧約文学における最大の謎の一つであり、十九世紀末以来、多くの旧約学者により、いろいろな解釈が試みられたけれども、ことごとく仮定的であり、今日に至るも未だ完全な解決に到達していない。ただイザヤ書第四〇章―五五章が、バビロン捕囚の末期（紀元前五五〇―五四〇年頃）に書かれたことについては衆論はほぼ一致している。

エルサレムを陥れたバビロニヤの王ネブカドネザル以後、この国の内政は紊乱を極め、弑逆と謀叛との反覆であった。しかるに東の方エラムにクロスが起つに及び、まずメディアが滅ぼされ、バビロニヤもまた新興ペルシャ軍のために陥落の余儀なきに至った。時に紀元前五三八年、イスラエルの捕囚後約五十年のことである。旧約聖書中第二イザヤなる人物の経歴については何ら記すところはない。彼は恐らくバビロン捕囚中のユダヤ人の一人であり、しかもその異教の地に生まれた予言者であろうと言われている。

バビロニヤにおけるイスラエル人のうち或る者はエレミヤの勧告の如く（エレミヤ二九

章）、ここに定着し、異国の生活を楽しんだのであるが、他の者はエルサレムの復興を思って帰心矢の如くであった。時あたかもバビロニヤ帝国は没落の過程にあり、東方よりはペルシャのクロスが破竹の勢いをもってこの国に肉迫しつつあった。されば捕囚のユダヤ人が、このクロスにおいて彼らの救い手を発見したことは無理からぬことである。クロスはヤーウエの「牧者」であり（イザヤ四四・二八）、その「受膏者（メシア）」であり（四五・一）、またヤーウエが「義をもって起し」た者である（四五・一三）。第二イザヤはクロスによるイスラエル人の解放を望み、新しきエルサレムの建設を夢みて起った。彼がこの輝かしき未来待望をもってバビロニヤの同胞を鼓舞した叫びこそ実に彼の予言である。

「主の僕」の歌の、その文体・内容が著しく第二イザヤ書の他の部分と近似しているのであるが、この詩は大体独立した歌である。そして少数の者（ドゥーム、ベネットら）を除き、旧約学者の多くはこの詩が第二イザヤの作であることを認めている。「もしこの数篇の詩が、他の部分との関係から移され得るとせば、それは第二イザヤの心臓を破壊し、その慰藉の使命を傷つけるものである」（マルティ）。実に、「主の僕」の歌における伝道的精神は、第二イザヤの宗教思想、特にその神観を予想して初めて理解し得るものであり、これの結晶として珠玉のように尊い。その文体、詩型の異同についてはしばらく措くとしても、その内容において同一予言者の作であることは否定し得ない。すなわち第二イザヤにおけるが如き完成せられたる唯一神観に立って初めて、この歌におけるが如き徹底した伝道思想が可能である。この詩が適確に何時頃書かれたかは明らかでないが、或る研究者（ピーク）は、第二イザヤの他の部分よりは少しく前に書かれ、しかも後に至ってこの予言者により、その予言のうちに編入せられたのであろうと説明している。

さて「主の僕」とは何びとを指すかについては、さらに難解な問題である。(イ)或る者はこれをもって歴史的な人物（モーセ、イザヤ、エレミヤ、ゼルバベル、エレアザルその他）であるとなし、(ロ)或る者はイスラエル全体であるとする。また後説をとる者にも、(ハ)或いはこれをもって歴史的イスラエルであるとし、(ニ)或いは理想の姿におけるイスラエルであるとし、(ホ)さらに或る者は第二イザヤ自身であるとする。このように甲論乙駁まったく帰着するところを知らない有様であるが、第二イザヤのほかの部分において「主の僕」とは明らかにイスラエルでありヤコブである（四一・八、九、四四・一、二、二一、四五・四、四八・二〇等）。すなわちイスラエル国民全体を人格化したものが「主の僕」である。それ故もし「僕」の歌が第二イザヤによって書かれたものであるとせば、「僕」がイスラエルであるとする説は思想的に有力な支持を受ける事となるのである。しかるに主の僕の歌と言われる四つの詩そのものについて言えば、或る場合にはイスラエルとも考えられ、また他の場合には明らかに個人として考えられる。例えば四二章一―四節、四九章一―六節において「僕」は大体においてイスラエルであり、特に四九章三節に、詩人は明瞭に、「あなたはわがしもべ、わが栄光をあらわすべきイスラエルである」と断言している（ドゥームは「わが僕」をもって後人の付言であるとする)。しかし五〇章四―九節においてはその描写は著しく個人的色彩を帯び、特に五二章一三節―五三章一二節において「主の僕」は同胞の罪のために悩み苦しむ一個の殉教者である。このようにこれらの四つの詩が表わすところの言葉の表面的意義から判断すれば、「主の僕」が個人であるか団体であるかは到底決め難い謎であるが、前述のようにこの詩を第二イザヤの予言の一部として考察する時、有力な反対があるにもかかわらず、なお「主の僕」とは個人ではなく団体であると解する方が、むしろ妥当ではあるまいか。また旧約聖書においてイスラエルが個人の姿をもって表わされている例は他にも見いだされるのである(詩篇一二九・一―三)。しかも神の僕にして選びの器たるイスラエルは、一面において歴史的たると共に、他面において理想的である。自ら罪なくして他の苦難を負う代苦者である。「主の僕」が現実のイスラエルであることを極力主張するピークすら、「僕はイスラエル国民に無関係な理想的な者ではない。しかし理想的見地から考えられた国民である」と譲っている。

「主の僕」はこのように現実のイスラエルであると共に、また理想的なイスラエルである。それ故或る者(デヴィドソン、ドライヴァー、バーネイ)をして、この「僕」とはイスラエル、すなわちイスラエルの宗教生活の中心をなすべき敬虔にして正しい少数者であると、想像せしむるのもまた無理からぬことである。詩のうちにおいても「主の僕」は異邦人の光となるべき使命を担うと共に、まず「ヤコブのもろもろの部族をおこす」ことをもって第一の任務と定められている（四九・六）。詩人はこのような少数者のうちに世の罪を負う小羊を見た。新しいイスラエルは彼らより始まる。

以上の論旨を要約するならば、「主の僕」の歌は、第二イザヤによって彼の予言のほかの部分とほぼ同時代、もしくはそれより以前に書かれ、彼の予言のうちに挿入せられた詩である。そして「主の僕」とはイスラエルであり、しかもそのうちにあって国民の代表ともなるべき理想的な少数者であると解して先へ進みたい。

3　異邦人の光

第二イザヤの中に点在する四つの「主の僕」の歌は、内容的にはその各々に特色があり、本来はこれらを別個に取り扱うべきものであろうが、我々は今便宜上これを総合して「僕」の姿を描き、彼の使命を明らかにして行こうと思う。

まず彼はヤーウェの僕である。「僕（エベド）」とは元来奴隷の義であり、その自主権を主人に渡し、主人の命ずるままに動くことを自ら承認し、また主人よりそれを要求される者である。イザヤ書四二章一九節に、「だれか、わが献身者のような目しいがあるか」（口語訳）とあるが、この「献身者（メシュラーム）」という語は「完全にせられた者」、もしくは「償われた者」の義であり、アラビヤ語のムスリームすなわち「降服した者」に相当する。回教をイスラームと称するが、このイスラームはムスリームの奉ずる宗教すなわち、自己を開け渡せる者、償われた者の信ずる宗教である（バーネイ）。「主の僕」とはヤーウェに贖われ、その所有となっている奴隷である。「恐れるな、わたしはあなたをあがなった。わたしはあなたの名を呼んだ、あなたはわたしのものだ」（四三・一）。それ故彼は自分自身を神の前に放棄し、その主権の前に降服したムスリームである。使徒パウロは、自らキリスト・イエスの僕であることをもって限りなき幸いとし誇りとした（ローマ一・一、ピリピ一・一）。否、彼は自身をキリスト・イエスの囚人であるとさえ言っている（ピレモン一節）。彼は主に対し、その全生活を投げ出し、終生節操を貫き通した忠僕であった。

「主の僕」はまたヤーウェより特に選ばれた器である（四二・一、四三・一〇、四五・四）。予言者エレミヤがその母の胎を出でざる先にすでに選ばれた僕であることを自覚したように（エレミヤ一・五）、「主の僕」たるイスラエルもその誕生に先立って、ヤーウェの栄光を担うべき選び人として定められていた。曰く、

「主はわたしを生れ出た時から召し、母の胎を出た時からわが名を語り告げられた」（四九・一、四四・一、二参照）。

我々キリスト者もまた神によって世の創始の先から選ばれた僕である。罪重く欠けたとこ

ろの多き者ながら、与えられた使命を感謝し、これがために自任自重すべきである。しかしこの選抜は、特権のための選抜ではなくて使命のためである。それ故この使命の達成を怠る時、神は他の者にまさって激しく罰し給う。神に知られ、神を知ること深ければ深いほどその責任は重大である（アモス三・二）。

彼はまた神の「霊」を与えられる僕であった（四二・一）。代々の予言者が神の言葉に動かされて立ったように、僕もまた聖霊を受けることによって神の使者とせられた。伝道は人の営みではなく神の業である。それ故聖霊を受けずして伝道は絶対に不可能である。「ただ、聖霊があなたがたにくだる時、あなたがたは力を受け」るであろうとある（使徒行伝一・八）。弟子達に対する復活の主の第一声は「聖霊を受けよ」ということであった。聖霊を与えられずして、これを祈り求めることなくして神の事業に参加する事は出来ない。

しからば、「主の僕」の負うた使命とは何か、「異邦人に道を示す」ことである（四二・一）。「僕」はまずバビロニヤによって破壊せられたヤコブのもろもろの部族を新たに起こすと共に、次に異邦人の光となり、救いを地の極にまで至らしめる任務を与えられた。何という偉大なる使命であろうか。若きエレミヤは、彼が年少なる故をもって万国の予言者たるべき召命の前にたじろがざるを得なかった。しかし、ヤーウェは躊躇逡巡する彼を激励し、彼がため、堅き城、鉄の柱、青銅の城壁となることを約束した（エレミヤ一・一八）。

自らの弱小と汚穢（おえ）とを顧みて、使命の前に恐懼（きょうく）する者はただエレミヤのみではない。「主の僕」もまた神の声に対し耳しいであり、その光に対し目しいであった（四二・一八、一九）。彼はその過去において、「いたずらに働き、益なく、むなしく力を費し」た敗残者である（四九・四）。しかるに彼は今贖われて主の僕となり、まったく神の所有に帰した罪人である（四三・一）。それ故神はそのみ霊を彼に与え（四二・一）。その口を利剣となし、とぎすました矢となすのである（四九・二）。神は如何なる鈍刀をも利剣となし、土の器をも神の言葉を容るべき宝庫となす。「僕」は罪人にすぎない。しかしこれによってヤーウェの栄光のあらわるべきイスラエルである（四九・三）。「主の僕」はこのような深い知遇の恩と光栄ある使命の前にひたすら感激恐縮せざるを得なかった。彼の過去はことごとく失敗であり、ヤーウェに対しうなじ固き民であったが、贖われて神の僕となり、その道を異邦人に示すべく（四二・一）、神の言葉をヤーウェから委ねられた（五〇・四）。「道（ミシュパート）」とは、「真の宗教の原理」である（スキンナー）。人はいぶかり問うであろう、罪人にしてなお神の道を説くかと。しかり、救われた罪人にして初めて真の宗教を証し得るのである。

イザヤの経験におけるが如く、人の贖われるのは使命のためであり、彼らはヤーウェの器たらんがために清くせられねばならぬ。「主の器をになう者よ、おのれを清く保て」（五二・一一）。贖罪の目的はただ罪人を清くし正しくすることにつきない。我らは世の聖人君子たらんとして救われているのではない。神の器を担わんがため、人の罪は洗い清められることを要するのである。されば予言者は歌って言う、「イスラエルのうちの残った者を帰らせることは、いとも軽い事である。わたしはあなたを、もろもろの国びとの光となして、我が救を地の果にまでいたらせよう」（四九・六）と。バビロニヤにあるイスラエル人はクロスの出現を期待してエルサレム復興の希望を実現すべく心いそいだ。四散の同胞を再びよび集め、神の国土に帰らしめることこそまず果たすべき「主の僕」の任務である。しかるにヤーウェはこれをもって「いと軽い」すなわち軽過ぎると宣言する。イスラエルはただ己を建て己を完うすることをもって満足すべきではない。彼は今首を挙げ、海の彼方、山の彼方より救いを求め、ヤーウェの「教えを待ち望む」異邦人の叫びに耳を傾けねばならぬ（四二・四）。

かつてイスラエルもそうであったように、もろもろの国々島々は今もなお昔の如く偶像礼拝を喜び、己れの腹を神とすることをもって誇りとしている。しかし偶像とは外形のみあって内容のないことであり、「木像をにない、救うことのできない神に祈る者は無知」の限りである（四五・二〇）。ロバートソン・スミスの説く如く、異邦の神々はその民の倫理的規準と常に同一平面上に止まっていた。このような神はその礼拝者とまったく自然的な関係のうちにあり、何ら彼らより独立した意志を持たぬ。それ故このような神を礼拝せんがためには、清く高き道徳的意志を要しない。畢竟偶像とは人間性と妥協し、これを批判し、かつ救う事を得ぬ神である。このような神は、「そのわざは無きもの」、風であり空である（四一・二九）。ヤーウェのほかに信ずべき神なし、絶対に頼るべき神なしとは、第二イザヤの最も力強い主張であった。「わたしより前に造られた神はなく、わたしより後にもない。ただわたしのみ主である。わたしのほかに救う者はいない」（四三・一〇、一一、四〇・二五、四四・六、八、四五・五、一四、一八、二二、四六・九参照）。彼はこの一事をその予言の全篇に繰り返して、飽くことなく力説している。ヤーウェは宇宙より超越し（四〇・二二）、万物を創造し（四〇・二六）、公義をもって万国をその足下に統御するイスラエルの聖者であり（四一・二〇）、人はただ神の栄光のためにのみ創造せられている（四三・七）。このような神のみこれを崇める者の「岩」となり（四四・八）、義を行ない救いをほどこす恩恵の源である（四五・二一）。ヤーウェは実に「初めにして終り」であり、一切のいっさいである（四一・四、四四・六、四八・一二）。超越的創造的絶対唯一の道徳的人格神、これが第二イザヤの神観であり、旧約の神観は彼においてその頂点に達したと称してよい。

かかる崇高荘厳なる神観を背景とすることによって、初めて主の僕は異邦人の光たる確信を与えられた。伝道は単なる人間的真剣さ、宗教的熱情の放散ではない。ましてその方法術策の検討でもない。伝道の中心問題は如何なる神を教えるか、如何なる道を伝えるかにある。この熱烈真摯な考慮なくして伝道は無意義であり徒労である。伝道とは人の魂に真の神、真の道を与えることであって、これ以外の何ものでもない。真剣に伝道しようとする者はまず健全なる神観、正統なる信仰の真理を深く掘り下げ、固く把握せねばならぬ。

4　苦難の僕

我々はさきに「主の僕」とは何びとであるか、また彼は如何なる使命を与えられた者であるのかについて考えて来た。今彼がこの大なる使命を如何なる態度、如何なる途によって達成せんとするのであるかを、彼の詩から学ぼうと思う。「主の僕」の歌における二つの特色は、彼が世界の光たるべき神の使者であることと、彼がこの任務を苦難を通して果たそうとすることである。

バビロン捕囚以前の大予言者達は、まずイスラエルの罪を糾弾した。彼らは頽廃した国民生活の現状を直視して、神の審判の到来の近いことを予感せざるを得なかった。それ故に彼らは国民の背信不義の暴露者であり、その良心の覚醒者であった。彼らの叫ぶ神の言葉は辛辣を極め、腐敗せるイスラエルの心臓を突いていた。彼らがしばしば「怒りの予言者」「災厄の予言者」と称せられるのはこれがためである。しかるに第二イザヤの使命は秋風落莫、意気沮喪した祖国の民を慰め励ますことにあった。「主の僕」もまた「傷ついた葦を折ることなく、ほのぐらい灯心を消すことなく、真実をもって道をしめす」謙譲な伝道者である（四二・三）。エー・ビー・デヴィドソンによれば「傷ついた葦」「ほのぐらい灯心」とは、「神の愛のまさに死滅せんとする心」であり、「信仰が困難のうちにあって苦闘する魂」である。しかしそれは「すでにまったく死せる世界に非ずして死に瀕する世界である」。よき伝道者はこのような魂にいたらずに空虚な審判と決断とをもって迫らない。何となれば神の言葉は人の罪を裁く剣であると共に、「疲れた者を助ける力」であるからである（五〇・四）。主は如何にかたくなな心にもなお神の光を仰ごうとする真実をたずね求め、人の力をもって入り難い魂にもなお通ずる細き道をあとづける。取税人ザアカイしかりであり、サマリヤの女またしかりであった。「主の僕」は「叫ぶことなく、声をあげることなく、その声をちまたに聞えさせ」ない（四二・二）。しかも彼の言葉はひしひしとこれを聞く者の良心に食い入る滲透力を持っていた。伝道者は決して己れ自らを叫ばず、真理自体をして静かに語らしめねばならぬ。神の言葉、それ自身をして人の心のうちに縦横に働かしめよ。神はエリヤの昔のように今もなお、我々の魂に細き声をもてひそかに語り給う（I列王紀一九・一二）。伝道者は神の言葉を盛る器である。それ故彼はまず己れを空しうせねばならぬ。

神の聖前に真に謙遜となり得た者であって初めて世に対し大胆となることが出来る。エレミヤの自我がまったく打ち砕かれた時、彼は神の僕たる自覚に入らしめられた如く、「主の僕」も生まれ出る先より選ばれた器であることを知った時、世の如何なる力も彼を破り得ざる確信を与えられた。彼は決して「落胆せず、ついに道を地に確立する」堅忍不抜の予言者であり（四二・四）、「そむくことをせず」しかも「退くことをしなかった」執拗な伝道者である（五〇・五）。彼を義とする神は常に彼の傍にいます。それ故如何なる仇がたち向かうとも、彼を退転せしめるを得ない。「僕」はあらゆる無理解と迫害とのうちにあって、なお感謝にみち平静な心の余裕が与えられている。もとより使命のためには彼の地位、品格、見識の如きは数うるに足りない。彼は神の前に自己に属するすべてを放棄した奴隷である。それ故彼は如何なる場合にもその主に対する絶対の信頼と感謝とを失わない。「わたしを打つ者に、わたしの背をまかせ、わたしのひげを抜く者に、わたしのほおをまかせ、恥とつばきとを避けるために、顔をかくさなかった」（五〇・六）。ひげをぬくことは、セム人に対して最大の侮辱を加えることであるという。しかし神の愛のみすべてを忍ばしめる。忍び難きを忍ばしめるものは、己れの弱きを知り、これを助け給う主の愛である。伝道者が些細のことに色をなし、気落ちすることは、まことに恥ずべきことである。「わたしを義とする者が近くおられる。だれがわたしと争うだろうか」（五〇・八）。

我々はここにもエレミヤの深い影響を見ざるを得ない。確かに「エレミヤの性格と歴史とは、主の僕の肖像に多くの感化を与えたように思われる」（スキンナー）（エレミヤ一七・一七、一八、二〇・七―一三参照）。古来旧約研究者によって、エレミヤが、しばしば「主の僕」のモデルであるとせられるのもこれがためである。

「主の僕」はただ、神の言葉を伝えるために人の侮辱を受け、迫害のうちに苦しむのみではなく、彼は他の罪のために神に打たれ、これに代わって苦悩を経験せねばならぬ代苦者であった。恐らく彼は癩を病み、その容姿はおとろえ、その顔だちはまったく世の人と異なるに至ったのであろう（五二・一四）。人は彼の姿の醜悪にたえず、その悪臭のため顔をおおって避けるほかはなかった（五三・三）。何びとも彼のうちなる貴きものを知らず、その外容の醜さにより彼は捨てられ、悲しみの人にして病いを知り、寂莫と孤独の生活を余儀なくせられた（五三・三）。癩はイスラエル人にとって罪への直接の罰たる天刑病である（ヨブ一九・二一、Ⅱ列王紀一五・五）。それ故世の人は彼の苦難を解釈して、彼は自らの罪のために、「神にたたかれ、苦し」むのであると考えた（五三・四）。しかし、この解釈はまことに浅薄であって、何ら「主の僕」の苦難の真相を了解していない。彼が苦しんだのは彼自身の罪の故にではなく、「多くの人の罪を負い、とがある者のためにとりなしを」なさんがためであった（五三・一二）。彼はその霊魂をとがの供え物となし、殉教の死をとげざるを得なかったのである（五三・一〇）。

捕囚はイスラエル人にとって多くの深い教訓を与えた。何故神の選民は国を失い、異邦に流離の生活を送らねばならぬのであろうか。聖にして義なる神は、イスラエルを或いはアッシリヤに、或いはバビロニヤに渡すことにより、彼らの眠った良心に反省を促し、これを再び己れに帰らしめようとした。しかしヤーウェを信ぜず、偶像に仕えるバビロニヤ、エジプトが栄え、神の選民たるイスラエルのみひとり苦しむというのは如何なる理由によるのであろうか。これは彼らの解こうとして解き得ざる謎であった。イスラエルはもろもろの罪のために罰せられたが、その罰は罪に倍するものがあった（四〇・二）。罪の負債はすでに完全に支払われたはずである。ヨブ記作者は実にこの問題を提げて起った詩人である。正しい者が何故苦しまねばならぬのであろうか。深刻な人生の苦難に直面したヨブにとって、善悪賞罰の連帯責任説も、個人応報説も、到底彼の抱く大なる謎を解く鍵とはなり得なかった。ただ彼は突如、栄光のヤーウェのみ前に引き出され、その聖威にうたれることによって全知にして全能なる神への自己放棄を迫られ、絶対依存の信仰を与えられた。しかし問題そのものは何ら理論的解決を与えられずして終ったのである。

この同じ問題が「主の僕」の歌にも解くべく置かれている。「僕」はこれを代苦的贖罪的光によって解こうとして試みた。異邦人はイスラエルが捕囚の苦難を嘗(な)めたのは、自らの罪の結果であると解するであろう、まことにしかりである。しかしイスラエルはすでにその罪に倍する罰を蒙った故に、彼らが神によって打たれ、たたかれるのは、もはや彼ら自身の罪の故ではなく、原因を他に見いださねばならぬ。そして彼らの苦悩こそ、実に自ら傲りたかぶって真の神を拝せざる異邦人の罪の結果であり、「主の僕」たるイスラエルは、異邦人に代わって苦しむことにより、その誤れるを覚らしめ、その罪を悔い改めしめるのである。異邦人は死に至るまでその使命に忠実であった「僕」の苦悩と犠牲を思うことによって、初めて、「彼はわれわれの病を負い、われわれの悲しみをになった」代苦者なることを知った(五三・四)。ただに「僕」はその受難によって異邦人の誤れるを正しくするのみならず、彼らを罪の桎梏(しっこく)から解放し、真の神へと立ち帰らしめることを得るのである。「みずから懲しめをうけて、われわれに平安を与え、その打たれた傷によって、われわれはいやされたのだ」(五三・五)。

しかも「主の僕」に負わされた使命は、ついに彼を小羊の如く屠場にまで追いやった(五三・七)。「傷ついた葦を折ることなく、ほのぐらい灯心を消すこと」のなかった忍苦謙遜の「僕」は、その生命を捨て、道のために殉ずることによってその使命を果たし得たのである。否、死せる後も、「その墓は悪しき者と共に設けられ、その塚は悪をなす者*と共にあった」(五三・九)。

＊「富める者」(アーシール)を「悪をなす者」もしくは「圧迫者」(オーシェーク)に読み換える。

捕囚はイスラエルにとって屈辱の死であった。しかし、その死は実に異邦に神の光をもたらすべき贖罪的意義を持つものである。それ故ヤーウェは神のために死んだ忠僕の死を空しくせず、これを栄光の復活に入らしめる。すなわち末の日には彼は甦って、再び彼の嗣業に与るの約束を与えられる(五三・一〇、一二)。異邦人の救いのために斃れたイスラエルには、やがて復興の日が来たらずには終らない。詩人は「主の僕」の受難を通して、新しいイスラエルの栄光を待望した。エジプトの光彩とバビロニヤの繁栄とに比すべくもない哀れな「イスラエル」は、「かわいた土から出る根のように」、見るかげなき卑賤と人々の嘲笑のうちに成長した(五三・二)。しかし、彼は罵られ、侮られ、辱しめられつつ、黙々としてその使命を果たすことに忠実であった(五三・九)。彼の口には何らの悲憤慷慨なく、罵詈讒謗なく、弁解遁辞もなかった。彼のうちにはただ、他のために苦しみ悩むことによって、その負わされた使命を達成しようとする静かであるが、しかも燃ゆるが如き確信が動いていた。それ故彼はあらゆる迫害と侮蔑とを甘受し、従容として与えられた苦杯の最後の一滴まで飲みほし得たのである。

5　「主の僕」とイエス・キリスト

「主の僕」の歌を通読して、我々が最後に受ける印象は、我らの主なるイエス・キリストの生涯とその事業の精神が、そのままここによく歌い出されていることである。されば初代キリスト教会はその伝道の最初よりこの歌をもってキリスト出現の予言であると解釈しておった。ピリポがエティオピアの宦官にイザヤ書第五三章を説明し、ついに彼をしてナザレのイエスを主と仰がしめるに至ったのもこの一例である（使徒行伝八・二六以下）。しかしこれをもって第二イザヤが、彼よりおよそ五百年後の肉のイエスをそのままに予言したものと受けとることは困難である。ただ、この詩の内容と、イエスの生涯とが、極めて密接な関係に立つものであることは、聖書に親しむ者の何びとも看過し得ざる事実である。この事実を前にして、我らの主イエスは、「主の僕」の歌を彼自身の出現の予言として受け、その精神を身において実現しようと努力し、ついにこれを十二分に成就せられたのであると解釈するほかはない。イエスは幼時より旧約聖書に親しみ、特に予言書と詩篇を愛誦せられたことは我らの容易に想像し得るところである。恐らく彼は、この歌の内容と彼自身の使命とが、不思議にも一致していることを痛感せられたことと思う。ひるがえって当時のユダヤ人が祖国をローマの手から救い、これを再びダビデの昔にかえすべき栄光のメシヤを待望したことは衆知のことである。それ故彼らにとってこのメシヤと受難の「主の僕」とを同一視することの全然不可能であったことは申すまでもない。しかるに、イエスによれば神の国はこの世の権力によって来たるべきものではなく、あくまでも神自身の意志の発動によって来たる。すなわち民の心が「神の国とその義」とに志向されることによって新しいイスラエルは樹立せられるのである。これがため、主は世の罪を負う小羊として聖前に自らを捧げ給うた。神の国は平和の君の受難を通して来たるのであるとは、イエスの活動の出発点からの確信であり、十字架の影はすでに荒野の誘惑の時から彼の全身を蔽って(おお)いたものである。それ故ユダヤ民衆の抱いていたメシヤ観と、イエスのそれとの間には天地の相違があった。すなわちイエスは旧来の殉教的メシヤ思想を新しい光において解釈した。その新しい光とは、「主の僕」の歌における殉教的伝道の精神である。されば初代教会がメシヤを主の僕として考えたことは、実にイエス自身に始まると言いうるであろう。荒野の誘惑を終えた主は、まずナザレの会堂に入り、イザヤ書を開いて公衆の前にその使命を明らかにする。「主の御霊がわたしに宿っている。貧しい人々に福音を宣べ伝えさせるために、わたしを聖別してくださったからである。主はわたしをつかわして、囚人が解放され、盲人の目が開かれることを告げ知らせ、打ちひしがれている者に自由を得させ、主のめぐみの年を告げ知らせるのである」（ルカ四・一八、一九、イザヤ六一・一、二）。イエスはその生涯の最後に近づいて、初めて苦難と死と復活とを弟子達に明かし給うたのは事実である（マタイ一六・二一）。しかし、「人の子がきたのも、仕えられるためではなく、仕えるためであり、また多くの人のあがないとして、自分の命を与えるためで」あったことは、恐らくイエスの伝道の最初からの確信であったと思われる（マタイ二〇・二八）。また十字架の迫った時、イエスは、「主の僕」の如く「とがある者と共に数えら」れることをもって足れりとし（ルカ二二・三七、イザヤ五三・一二）、ピラトの前に引き出された時、「ほふり場にひかれて行く小羊のように、口を開かない」僕の姿そのままであった。さればキリスト昇天後、初代キリスト教徒がナザレのイエスを、旧約の予言、特に第二イザヤの予言の成就者として、その福音を天下に宣べ伝えたことは何らあやしむに足らない。使徒ペテロは言う、「神はあらゆる予言者の口をとおして、キリストの受難を予告しておられたが、それをこのように成就なさったのである」と（使徒行伝三・一八）。パウロもまたこの点について同じ確信の上に立っていたことは、申すまでもない。「かえって、おのれをむなしうして僕のかたちをとり、人間の姿になられた。その有様は人と異ならず、おのれを低くして、死に至るまで、しかも十字架の死に至るまで従順であられた」（ピリピ二・七―九）。

前述のように、「主の僕」の歌は、恐らく捕囚当時のイスラエルの姿を描いたものであって、直接キリスト・イエスを予言したものではない。しかし、ここに歌われた理想の像におけるイスラエルは、主の出現を待って初めて完全に実現せられた。この意味において、この歌は、世の贖い主としてのキリストを予言したものであると解することは、決して不自然ではない、否、旧約における神の言葉、律法も予言も詩歌も、その精神は彼において成就せられたのであり、キリストこそ神のまったき啓示である。ソクラテスは彼の時代におけるギリシャの詩人達が、彼ら自身その用いる語の意味を完全に知らないのをなげいたという。「主の僕」の歌の作者である第二イザヤも、五百年後のナザレのイエスの姿をそのままに凝視し得なかったが、彼は微光のうちに、やがて来たるべき救い主を望見したのである。イエス自身の言葉のように多くの予言者や王が現実に見ようとして見ず、聞こうとして聞くことのできなかった者こそキリスト・イエスであった（ルカ一〇・二四）。

旧約と新約との関係が如何に密接であるか、我々は「主の僕」の歌の一例をもって見ても明らかに知り得るであろう。旧約の宗教は見えざる神の導きをたどって、新約の宗教へと発展し飛躍して行った。新約は旧約の王冠である。新約なくして旧約はまっとうせられない。しかし、旧約の精神を理解せずに新約の信仰を会得することは不可能である。特に我々キリスト者は、イスラエルの律法者、予言者、詩人に負うところ大である。旧約の神観は第二イザヤにおいてその頂点にいたり、贖罪と伝道との思想は主の僕の歌においてその究極に達した。予言者を通してこのようにイスラエルに与えられた神の言葉は、ついに肉体となりイエス・キリストにおいて成就せられたのである。

6　結　語

「主の僕」の歌における伝道思想を学び、ひるがえって我々の信仰生活とその使命とを思う。我らは神のひとり子、すなわちその「聖なる僕」（使徒行伝四・三〇）の血しおによって贖われた罪人にすぎない。我らは主の僕にもまさって卑しく醜い姿であり、彼のように目しいでありてまた耳しいであった。しかし、主は罪深く力足らざる我らをも救い、伝道の使命を与え給う。これがため、我らは世の創始の先より選び別たれた器であり、神の御霊を与えられて聖なる業に参加せしめられている。復活の主が使徒パウロを召して異邦人の光とならし給うたように、キリストは贖われた我らにも同じ使命を与えようとして我らを（使徒行伝一三・四七）待つ。「主の僕」は苦難を通してその任務を達成するを得た。イエス・キリストもまた「僕」の歌の理想を身において実践することにより、世の贖いとなり給うたのである。主によって救いに入れられ、その所有とせられた我らもまた、キリストの足跡に従うべきことを要求せられている。「イスラエルはヤーウェの愛する僕以上のものであった。彼は、彼の言葉と行為とが、国々をして罪を悔い改めしめんがため、神に任ぜられた説教者である。否、彼は説教者以上である。世界の罪を贖うべくその祭壇に供えられんがため、神の定めた犠牲である。苦難の量は特権の量に比例する。イスラエルが存在する目的は、この国民の勝利のために非ず、人類の救いのためであった」(グレーズブルック)。「主の僕」は謙遜と忍従の伝道者であった。彼はただ神の任じた説教者たるのみではない、その定めた祭壇の小羊であり、彼は予言者にして祭司である。伝道者は神の言葉を高く掲げて、人の良心に迫る予言者であるとともに、他の重荷を負いこれがために代わって苦しむ受難の僕である。人の魂をあくまで愛し、追求し、そこに主の十字架を立てずしてはやまない堅忍不抜の祭司である。彼の戦いは、「逆わず、退かず」静かにしてたくましき戦いである。しかし、それは生命を捧げる戦いである。キリストは回心のパウロに対し、まず彼が主の名を持ち行く選びの器たると共に、主の名のために多くの苦難を受くべき伝道者たることを厳かに命じ給うた(使徒行伝九・一六)。今もなお世の罪のために十字架上にいます主は、我らごとき者を召して「主の僕」たるべく待ち給う。我々はこの召しに応じ、持てるすべてを捧げる時、我らは主の僕たるにふさわしくせられる。「わたしたちは、生きるのも主のために生き、死ぬのも主のために死ぬ。だから、生きるにしても死ぬにしても、わたしたちは主のものなのである」(ローマ一四・八)。主の僕とはまことにこのような者である。

主の僕の歌の語句の解釈についてなお詳しくは、『旧約聖書略解』拙稿第二イザヤ書の項参照。

〈付　録1〉

旧約研究の方法論について

何故キリスト教において今日なお旧約聖書を用いるのであろうか。戦前（第一次世界大戦）、ドイツなどでは、政治上反ユダヤ的運動のために、或いは教育上の問題のために、或いはまたヘッケルなどの唯物一元論的世界観のために、旧約聖書は、いろいろな立場から非難攻撃せられ、またキリスト教会内においてもハルナックの如き神学上の見解から、或いはデーリッチュの如き考古学上の立場から旧約を教会において教育することの可否が盛んに論議せられたと言う。しかるに旧約研究は、このような異論にもかかわらずその後益々隆盛となり、特に戦後は、旧約聖書は、歴史学、考古学或いは言語学の研究材料としてのみならず啓示の記録として、すなわち新約における真理をより明瞭に、より確実に把握せしむる準備的研究となる意味においてその新しい価値が発見せられて来たように感ぜられる。

旧約聖書の欧州文化に対する貢献を論ずることはこの小論の目的ではないが、ヨーロッパ文化を成立せしめる要素を大体ギリシャ的なものとヘブル的なものとに還元して考える時、そのうちいずれの知識を欠いても今日の欧州の文化を根本的に理解することの不可能なのは言うまでもない。ゲーテがファウストの構想の如何に多くをヨブ記に負うているかを見ても思い半ばに過ぎるものがあると或る者は言う。またこれを世界の宗教史について考えて見ても、今日世界の人口の過半数を占める三大宗教、すなわちキリスト教、回教、ユダヤ教は、みな旧約聖書の宗教から誕生したものであって、モハメッドの如きは彼の言葉に従えば、共に旧約宗教の本流より堕落したキリスト教、ユダヤ教に対し、アブラハムの純粋な信仰に復帰せんがため回教（イスラム）という新宗教を提唱したものだと言われている。このように旧約研究は世界文化史の理解のためにも重大な意義を持つことは今さらくどくどと語ることを必要としない。

またこれを神学上の問題として考えて見ても何人も新約旧約両宗教の不可分な関係を認めざるを得ない。エットリの如きはこの関係を次のように譬えている、「新旧約両書は相互に連絡あるものであって、新約なき旧約は頭なきに等しく、旧約なき新約は根なきに等しい」と。新約書の文学的思想的背景としてまず第一に挙ぐべきは、もとより旧約聖書である。これはほとんど自明のことながら、近年においてこの事実をすら閑却（かんきゃく）しようとする傾向があったように思う。すなわち一方においては旧約以外もしくは旧約以後に発達したユダヤ文学の影響を力説し、他方においてはヘレニズムの感化を誇張する結果、旧約聖書の如きは、あたかも第二次的意義を持つもののように考えられがちである。地上にありし日のイエス・キリストもまた一個のユダヤ人であった。イエスが当時広く行なわれた外典、ラビ文学のほかに旧約聖書に親しみ、主としてここから精神的養分を吸収せられたことは想像に難くない。宗教史学派のグンケルすら、ヨハネ、パウロはともあれ、イエスにおいては何らヘレニズムの影響を見いだすことは出来ないと断言しているくらいである。律法の一点一画もゆるがせにしてならぬ事はキリスト御自身の宣言であり（マタイ五・一八）、これを見てもキリストが如何に旧約を重んじておられたかは疑う余地がない。しかし、新約は旧約におけるメシヤ予言の完成としてのみ見るべきではなく、むしろ旧約における信仰の本質がキリストによって醇化（じゅんか）せられ、かつその理想が彼において実現せられたところに旧約の重大な意義が存するのだと思う。キリストが後世の祭司主義、戒律主義を飛躍して、直接に予言者また詩篇の宗教に復帰せられた事実を我々は意義深く感ずる。また彼がイザヤ書五三章その他における「主の僕」の理想を身においで実現すべく意識的に努力せられたことも疑い得ぬところであり、詳しく説明を要しない。

パウロ、ヨハネの神学が、如何ほどまで当時のヘレニズムの感化のもとにあったかは、学説区々たることであろう。しかし、ここに注意を促したいことは、ヘブル人の思想生活において彼らの弱点また長所とも見るべきことは何事も哲学的に、抽象的に考え得なかったことである。この特徴は旧約聖書のどの部分でも一読するならば明瞭なことであり、ヘブル人は深奥な内的経験を語る場合においても極めて描写的象徴的な文字をもって表現するのを常とする。また例えばヨハネ福音書の冒頭にあるロゴスなる語は、極めて具体的な人格的な内容を持つものであり、ストア学派における理性或いは宇宙を支配する活動原理というが如き哲学的形而上学的意義とは甚だしく異なった観念である。ロゴスに相当するヘブル語のダーバールには、神の怒り或いは最後の日という終末的な、審判的な内容をさえ含んでいるくらいである。聖書記者は当時福音宣伝の目的から、盛んにギリシャの哲学的な用語を用い、その信仰および思想を異邦人に訴えようとしたのではあるまいか。しかしその用語の本質的な内容は依然としてヘブル的であったことは興味ある事実である。要するにギリシャ的な衣を借りてヘブル的な肉体を装うたに過ぎぬのではないかと思われる。さればアレキサンドリヤのユダヤ人哲学者フィローは言う、「我々は宗教においてはパレスチナ人であり、言語においてはギリシャ人である」と。パウロの如きも当時小アジアにおけるギリシャ文化の中心地であったタルソにおいて生長し教育せられたとはいえ、彼もまたユダヤ人であった。律法と伝統の訓練において完全無欠の教育を受けたことは彼自ら人に傲語するところである（ピリピ三・五、六）。またパウロのダマスコにおける救済の経験は、宗教的な意義から見て、イスラエル人が出エジプトの際、紅海において遭遇した奇跡と近似するものがあると思う。あたかもパウロが常にその回心の経験を想起し、彼の神学の全体系が、この経験から出発し、またこれに復帰しているように、旧約の宗教も絶えず出エジプトの歴史を回想し、律法も予言も詩も、この奇跡的事実のうちにイスラエルに臨んだヤーウェの無比なる恩寵を発見し感激している。特にホセア書の如きは、その著しい例であろう（ホセア一一・一以下）。故にパウロにおけるダマスコ城外の贖罪経験は、あたかも紅海におけるイスラエル民族の救済経験の如くであると称しても誤りではあるまい。もしパウロをもってイエスの宗教の真の後継者とするならば、パウロと旧約の必然的な関係をもまた認めざるを得ない。我々はキリスト教の発達の動機を理解する上において、常にそれの持つ特殊性をまず把握せねばならぬ。特にイエスの信仰、パウロの神学を研究する上にこの研究態度の重要なことは記すまでもない。しかし、その次に原始キリスト教において最大の宗教的背景となったものは旧約の宗教であることを決して忘れてはならぬと思う。何となれば新約の宗教は実に旧約の信仰から生まれ出たものである。この点においてヘレニズムの影響の如きは比較にならぬほど僅少であることは宗教史学派のグンケルすら認めるところである。

さて我々は如何なる方法によって、また、如何なる態度において旧約を研究すべきかを考えて見たい。しかしここに旧約聖書の研究と言っても、それは考古学的、言語学的、文学的或いは歴史的研究を指すのではなく旧約を神学の研究対象として学ぶことである。ウェルハウゼンが一八八三年、その画期的な名著『イスラエル史序論』を公けにして以来、彼の学風はオランダのキューネン、スコットランドのロバートソン・スミスと共に一世を風靡するに至った。彼がその文学批評学的或いは歴史批評学的研究方法によって従来キリスト教会のドグマの材料としてのみ意義のあった旧約聖書に対し、新しい学術的意味を発見し、そのうちに盛られた宗教が原始的な姿から高級な形に至るまでの発達の階梯を明らかにした貢献は、到底没却を許さぬほど偉大なものがあろう。「律法より予言へ」の歴史的発展の順序を逆倒させて「予言より律法へ」の発達として旧約宗教史を我々に理解せしめた彼の功績は、いわゆるコペルニクス的転回と言われる所以である。このような近代的な旧約研究の、偉大な、否、最大の創始者としてのウェルハウゼンの業績は、永遠に奪うことの出来ぬものがある。しかし我々神学研究者に残された問題は、旧約をイスラエル民族史或いはその宗教文化史として研究することに非ずして、むしろ神の啓示の歴史、すなわち救済の経過として学ぶべきことであるが故に、果たしてウェルハウゼンらの唱導する研究方法のみをもって満足すべきや否や、なお再考すべき余地があると思う。啓示という観念は実に旧約聖書の首尾を一貫する中心思想である。従って我々はこれをまず啓示の記録としてまた救済の歴史として研究すべきであろう。いわゆる高等批評学的な研究方法は果たしてこれに対し、完全な解決の鍵を与えてくれるであろうか考えて見たいと思う。まずこの研究方法に対する異論の二、三を聞いてみよう。

系統神学者であるギルゲンゾーンは、従来の批評的方法に反対して、精細なる言語の分析が我々をして聖書の確実な意義を捉えしむることは到底不可能である、もっと直感的な解釈を必要とすると言っている。あたかも森を研究に来た専門家達がその木一つ一つを丹念に検査しているために、森全体の考察を忘却するが如く、また美しい織布を鑑賞しようとして、その糸一筋一筋を分解研究するが如き愚をなすものである。聖書を研究するに当たって最も重要なことは、そのうちに隠れた宗教的真理を直観することであるのは申すまでもない。この点においては専門の旧約学者よりも、むしろ教義学者の方が旧約宗教の核心に対し、鋭き洞察力を持っているのではないかと思わしめられることさえある。例えばバルトやブルンナーの如きはそれである。

このような文学批評的な研究に対し、グンケル、グレスマンの一派は、宗教歴史学的な方法を提唱し、その欠陥を補おうとする。すなわちアラビヤ人の原始的な社会生活或いはエジプト、バビロン、アッシリヤ等の文化との比較研究によりイスラエルの宗教の理解に近づこうとする方法である。もちろん我々は彼らの努力と貢献とを無視しようとするものではない。第一、この学派の研究により、旧約の宗教の発達を促した古代近東諸外国からの影響が明らかにされると共に、第二、諸民族の宗教に共通な要素が判然とするに至った。例えば創世記における天地創造譚および洪水譚とバビロンの物語の並行関係、モーセの律法とハムラビ法典との比較、テル・エル・アマルナ時代におけるパレスチナの文化状態および諸国の政治関係、箴言とエジプトの知恵文学との交渉、詩篇とバビロニヤの悔罪詩篇との比較等みな旧約文学の由って来たる源泉と素材とを了解するに、一大光明を投ずるものである。そして この種の研究は、近年の発掘による豊富な資料とその解読により、短期間に著しい発達を遂げたのである。しかしこの方法もまたあまりに旧約宗教の諸要素を外的影響に還元して考察するに急なる結果、往々その本質特色を看過する弊（へい）に陥ることがないであろうか。宗教の理解において我々はまずその特殊的なものを発見すべく努力しなければならぬ。すなわち諸宗教に普遍共通な要素を見いだすよりもまずその特殊的差別的要素を掘り起こすことに努むべきだと思う。すべての宗教には、各々その特殊性あるが故に、単にこのような宗教史学的な立場からはイスラエルに対する特殊な神の啓示を理解することは不可能なりとするケーバーレらの意見は必ずしも不当の攻撃ではない。

のみならずこの研究方法の致命的な欠陥は、旧約における「奇跡」の観念を認めないことであろう。この点においては文学批評学的方法もまた同一である。このような立場を、コルニルは極めて明瞭に告白している。すなわち言う、「結局自然的なもの自身が最も大なる奇跡ではないか」と。宗教の記録における奇跡的事実を合理的に説明しようと試みることは或る場合許されることとかも知れぬ。しかしその宗教を信ずる者の奇跡に対する信仰をも否定することは、もはや承認し難いことではあるまいか。例えば旧約予言者の自国および外国の政治に対する批評は、決して当時イスラエルと諸隣邦との外交関係を政治的に討究した結論ではなかった。少なくとも彼らは国際政治の警告者たるをもって自任したものではなく、むしろ彼らの倫理的宗教における信念から見て、宗教的に社会的に堕落したイスラエルに対し、ヤーウェの怒りが必ず到来すべきを絶叫したヤーウェ信仰の主張者であり、その擁護者であった。彼らの最大の関心はヤーウェの意志を知ることであり、聖にして義また愛なるヤーウェが、如何にイスラエルおよび近隣諸国の現在および将来を審判するか、これを知ることが先決問題であったと思う。神の意志と計画とは奇跡として予言者に示され、彼らもまたこれを神より来る直接の啓示として受け入れたのである。自己の存在よりも神の存在、自己の認識よりも神の認識について確信を抱いていたヘブル人にとって、奇跡を信じる事はむしろ自然な事だと思われる。奇跡観念のない宗教は、もはや宗教たる名に価いせぬ宗教ではあるまいか。奇跡を信ずるということは超自然的な神を信ずるという事であり、「奇跡は宗教の愛娘である」（ゲーテ）。

以上二つの研究方法は、意識的にまた無意識的に進化思想の上に立脚する見方である。すなわち旧約宗教をその原始的な姿から高級な形に至るまでの漸次的乃至自動的な発展と見る点において一致するものの如くである。しかるに旧約宗教における中心的観念である啓示の信仰はまた目的論的な歴史観の上に固く立脚しているが故に、旧約の歴史は進化論の如き機械的な歴史観をもってしては到底説明が出来ない。ヘブル人は意識的に目的論的な啓示思想の上に立って民族の生活を営み続けて来た。このような啓示に対する信仰を予想せずしては、モーセや予言者の宗教を理解することの不可能なのは、厳密な歴史的研究の方法によっている旧約学者シュテルクさえも認めているところである。すなわち彼に従えば、旧約の宗教は決して自然宗教がそのまま機械的な法則に従って進化発展したものでなく、カナン或いはギリシャなどの自然宗教とは本質的な相違を有するものである。その神観について見ても、イスラエルの神ヤーウェは、天地万物を創造し、かつこれを支配する、特にイスラエルの歴史を統御するところの、自然から全然超越する人格神であり、天地および人間のうちに内在する自然宗教の神々とは、まったくその類を異にしているものである。そして啓示は、かかる超越的な人格神が、この世界特に人間の歴史のうちに働きかける神の業にほかならぬ。このように、啓示とは神の人間に対する呼びかけであり、人間の神に対する働きかけではない。故に進化論的な発展形式で原始的自然宗教から予言者の人格的神観には決して到達することは出来ないのである。

またケーゲルの如きは、ファトケ、ウェルハウゼンらの歴史批評学的な研究方法とヘーゲルの弁証法的歴史観の関係を指摘し、このようなその時代の哲学思想に影響せられた研究的態度をもってしては、到底旧約宗教の本質を客観的に正しく理解することは不可能であると論難している。例えば詩篇の宗教の如き、祭司主義〈These〉に対し、予言者の信仰を〈Antithese〉とし、その総合から生まれたものが詩篇〈Synthese〉であると説明する。しかし、かかる哲学的歴史観にあてはめられた旧約宗教の考察は、極めて主観的な議論であって甚だ客観的事実から遠いと彼は言う。このように進化論的観察、弁証法的説明、いずれにせよ、旧約の宗教およびイスラエルの歴史を、あるがままに研究せずに、これを自然科学的もしくは歴史哲学的図式によって考察しようとするその研究態度は、等しく科学的研究方法に準拠すべきことを主張している旧約学者の或る者からさえ学問的に不当なりとして論難せられるわけである。

但しピークの如きは極力ウェルハウゼンとファトケとが思想的に無関係なることを弁明している。

しからば如上の弱点のために、批評的歴史的或いは比較宗教学的方法は、聖書研究により、何ら効用のないものであろうか。翻って思うに旧約の宗教は全体的にいって民族の宗教であり、少なくとも一つの共同体の生活を背景とする宗教である。アモス、ホセア、イザヤの如き予言者にあっては、その宗教は神ヤーウェと民イスラエルとの特殊な関係であった。エレミヤ、エゼキエルらの宗教運動は一面においてその信仰を個人的ならしめたのではあるが、なお彼らの念頭に民族的関心すなわち「イスラエルの子ら」に対する顧慮の多分にあったことを忘れてはならぬと思う。しかもこの個人的宗教を唱導したエレミヤにおいてすでに祈禱の団体としての後世におけるユダヤ教団の出発を見る。確かに旧約の宗教は、個人的隠遁的宗教ではなくて、共同体的実践的宗教たるをもってその真面目とした。すなわち神ヤーウェは、民イスラエルの団体生活に即してその聖旨を啓示したのである。また他面イスラエル人は真理を実現の相において把握するのを常とした。換言すれば、彼ら民族の歴史のうちに神の啓示を発見したのである。しかしこのことは、彼らが歴史に内在する神を探しもとめたのではなく、その歴史は神によって創造せられまた支配せられ、イスラエルの歴史に対し働きかける神の働きこそ彼らにとって恩寵であり真理であったのである。歴史の概念は、ヘブル人ことに彼らの予言者たちの実践的な生活の中から生まれたのである。しかしそれは、イスラエル民族の歴史のみを研究することによりその啓示観念に到達し得るということではない。むしろ神の啓示は、イスラエルの歴史を媒介として、人類に行なわれたという意味であると思う。そしてこの思想を最も明瞭に確信をもって主張する者が予言者である。故に我々が旧約における啓示観念を了解するためには、まず予言者について学ばねばならぬ。とにかく啓示の背景をなすものは歴史であるが故に、啓示の成立した歴史的現実的条件を明らかにする意味において、イスラエルおよびその近隣諸国の歴史、宗教、祭儀を研究することは甚だ重要なことである。また言語学的文学的知識も旧約研究のために必須の武器でなければならぬ。予言者の信仰はヤーウェがイスラエルに与えた直接の賜物である。しかし、何故このような歴史的環境にヤーウェは彼らを立たしめたのか、これを研究することは決して無益な努力ではない。カルヴィンの旧約注解を一見しても、彼は決して独断的に教義的に聖書の解釈をしてはいない。もとより古代史に関する今日の精細なる知識をもって我々が彼の注解をひもとくならば、そこに多くの誤謬は見いだされよう。しかし彼は当時における最高の歴史的知識をもって聖書の時代的背景を明らかにすべく努力しているように見受けられる。この意味で彼もまた、いわゆる科学的研究方法を用いているのである。今日我々キリスト者にとって、聖書が神の言葉として信ぜられるのは、その一字一句が絶対無謬（むびゅう）なるが故ではない。逐字神聖論が到底我々の理性を満足せしめざる所以は、一度聖書の言語的文学的歴史的研究を潜（くぐ）った者にとって自明の事実である。また我々はいわゆる比喩的解釈を貴しとする者でもない。旧約宗教の発達は、必ずしも常に漸次的なものではないが、これを全然平面的に考え、旧約聖書において何らその思想および信仰の変遷と発展とを認めないのは不当であり、特に新旧両約の宗教の飛躍的な相違を承認しないことは甚だしい偏見である。

しからば我々は何処に旧約研究の正しい方向を定むべきであろうか。一方において在来の破壊的な批評学に対し、細心の警戒を怠らぬと共に、他方において独断的な聖書絶対神聖論に対し、その誤謬を指摘せねばならぬ。両者共に聖書の記述そのものに忠実ならざる主観的な研究方法であって、これを神の言葉として理解するにふさわしい方法ではないと思う。我々はまず旧約聖書の書かれた目的を明らかに知るべきである。聖書はもとより科学探究のための記録でもなく、哲学の教科書でもなく、また厳密な歴史記述でもない。イスラエルびとが律法と予言と歴史と詩と教訓とを学ぶことにより、その信仰を奮い起こすため書き綴られた宗教上の指導書である。如何なる書物も著者の目的によりその意義を判断すべきであり、このことは聖書研究において我々が常に念頭に記憶すべき肝要事であり、聖書はまず我々に宗教を教え信仰を与えることをもって目的とするところの書物である。

次に如何にすれば聖書のうちに秘められた宗教的真理を直観的に把握し得るかが重要な関心でなければならぬ。祈りのうちに自分を空しうし、謙虚な態度をもって聖書に対する時、その真理が我々の霊魂に明らかにせられる。換言すれば聖書の本質的な理解は信仰によって初めて与えられる。信仰なくしていたずらに批評的に聖書を読むことは、聖書に対する甚だしい冒瀆である。そしていわゆる科学的研究は、聖書の宗教を本質的に理解するための補助的手段として採るべき方法である。かくてこそ、我々の聖書に対する理解は客観的なものとなるのであると信ずる。これがため言語学的、文学的、歴史的、比較宗教学的研究等、みな採ってもって益となすことが出来よう。我々が霊魂の深奥の要求をもって聖書における神の言葉に導かれつつ聖書に対する時、聖書は初めてその本来の働きを発揮することが出来る。故に上記の科学的研究方法は、聖書における啓示の成立した歴史的現実的条件を明瞭にするためにのみその意義を持つであろう。聖書における啓示の記録を神の言葉として我々の霊魂の奥底にまで浸透せしめるものは、祈りのうちに働く聖霊の力である。これは新約についても旧約についてもまったく同じであることを断言してはばからぬ。ここにおいて我々はギルゲンゾーンのいわゆる「歴史的観察と心霊的判断」もしくはシュテルクのいわゆる「歴史的研究と組織的解釈」の両方法を併用すべきだと思う。もちろん我々は両方法の論理的な関係を明らかにすることは容易ではなく、個々の原文解釈をなす場合に、実際問題として種々の困難に出会うものではあるが、最近の旧約研究が従来行なわれた往々破壊的な批評学的方法をもって満足せず、これに加うるに信仰的解釈をもってし、聖書を神の言葉として研究し、旧約歴史をイスラエルの救済史として理解しようとする傾向に向かいつつあることを甚だ喜ばしい事と思う。ルターが聖書の翻訳に当たって与えたという規則は、我々が聖書の真理を研究する場合にも極めて有用ではないであろうか。「第一、聖書は神のわざや神の事がらについて語っている。第二、一つの言葉や考えが聖書と一致する時にはこれを採用せよ。第三、人は文法に注意せよ」。

なお、この問題については拙著『旧約神学の諸問題』の中の「旧約神学の意義とその任務」、及び「旧約聖書と基督教会」の項参照。

〈付　録2〉

政治の世界における予言者の論理と倫理

1

『福音と世界』の編集者から上に掲げたような、長いまたむずかしい題目により、何か書くように求められた。ここに「予言者」とあるのは、もちろんイスラエル予言者のことであると心得るし、「政治の世界における予言者の論理と倫理」とは要するに彼らが、イスラエルならびに世界の政治について何を語ったか、その基調となったものは何かということを意味するものであろう。

そこでこの文章を書くために参考にもなろうかと思い、何も勉強と考えて、エルンスト・イェンニという聖書学者の、「予言者の政治的予言」という書物を読んでみたので、まずこの小冊子の内容につきその要点と思われるものから述べてみよう。

昔から、予言者の予言ということについて二つの見方があるが、その一つは彼らの発言を合理的に解して、彼らが未来を予告する、その予言を否定する否定的な立場である（キューネン）。今一つは、予言者における超自然的なものを認めて、彼らは神に遣わされ、未来を予告する任務をもつ者であるとなす肯定的な立場である。一つを「合理的」な見方とすれば、他は「超合理的」な見方と言うことが出来よう。そのいずれが正しいか。

著者イェンニはそれについて、予言者は神の裁きの実現を語ると共に、その救いの完成を告げる者である。その意味において彼らは警告者、勧告者、説教者、牧会者たることをもってその任務としていた。それゆえ、彼らの活動の全体は、このような彼らの使命また任務にもとづくものであったと言う。

そこで予言者が未来を予告するにあたっても、古代の占術者（オラケル・ゲーバー）のようにただ単に未来のことについて語るというような、いわば中性的な予告者でもなければ、さりとて決定的宿命的な未来、つまり絶対に変更されない歴史の動きについて語るという者でもない。そうではなく、イスラエルの歴史、引いてはあらゆる民族の歴史を導き、それを前進させ、完成させるところの神の意志とその働きについて語るところの者、それが予言者であるというのである。著者がここでいうところの「予言者」とはもちろん、古典予言者とか、記述予言者とかといわれている紀元前第八世紀以後のアモス、ホセア、イザヤ、エレミヤ、エゼキエル、第二イザヤらの予言者のことを指す。

このような予言者はしばしば「ヤーウェの日」について語るのであるが、それはいうまでもなく、神の終末的な行為、すなわち、イスラエルならびに全世界に対する神の裁きと救いの業を指すものである。そこで予言者は、単なる歴史の予告者ではなく、裁きと救いとを行なう主の来たることを、終末的に予言する者であるということになる。

こう見て来ると、予言者の予言が合理的なものであるとか、ないとかは本質的な問題ではなくなって来るといわなければならない。

2

以上が、イエンニがこの書物の発題として述べているところであるが、彼は旧約のテキストについて慎重に検討し、結論に向かってその議論を進める。その議論の進め方について、著者は三つに分けている。(1) 個人の運命についての予言、(2) 政治的軍事的出来事についての予言、(3) 「実現される終末」についての政治的予言。

まず(1)について言えば、ここに「個人」とは主として王者であるから、それについての予言は政治的なものから切り離すわけにはいかない。一つ二つ例を挙げれば、ホセア書第一章四、五節に次の如く言われている。

主はまた彼に言われた、「あなたはその子の名をエズレルと名づけよ。しばらくしてわたしはエズレルの血のためにエヒウの家を罰し、イスラエルの家の国を滅ぼすからである。その日、わたしはエズレルの谷でイスラエルの弓を折る」と。

ここにエヒウとあるのは北イスラエルの王であって、予言者エリシャの協力を得て、オムリ王朝を倒し、代わって王位についた将軍である（Ⅱ列王紀九、一〇章参照）。なぜエヒウの家は罰せられなければならないか、それは、彼がオムリ王朝を倒すにあたってエズレルの谷において甚だ残虐な行為をしたが、それはまさに流血の革命であったからである。しかし、そのことについてのホセアの批判は、イェンニによれば、(イ)王国に対する牧羊者的な、また王朝以前の祭儀連合的な理想をもってする分党的な立場からでもなければ、(ロ)エリシャやエヒウの時代の野蛮な行為に対する倫理的な批判によるのでもなく、また(ハ)古い王朝が倒され、新しい王朝がこれに代わるという単なる政治的変革を予言しているのでもない。ホセアの予言は、ヤーウェの使者として神がまさにエヒウの王家に対してなさんとすることを告げているのであって、それはまさに真に予言者的終末的な発言であるというのである。

今一つ例を加えれば、

アモスはこのように言っています、

「ヤラベアムはつるぎによって死ぬ、

イスラエルは必ず捕えられて行って、
その国を離れる」と（アモス七・一一）。

以上はヤラベアム（もしくはエロボアム）時代の北王朝の神殿ベテルの祭司アマジヤがアモスを教敵として王に誣告した言葉であり、アモスをもって王家に対するふらちな謀反人とみなしているわけである。ヤラベアムは、北王国を強大にした、政治的には甚だ傑れた王者であり、この時代イスラエルの国は、北はハマテの入口から南はアラバの海まで広がったといわれている（Ⅱ列王紀一四・二五）。ここにアマジヤが言っていることが果たしてアモスが語った通りであったかどうかは、やかましく言えば問題になるであろうが、とにかく彼の言葉はヤラベアムの家の運命に関するものである。しかし、それは北イスラエル全体に関係し、しかもただ政治的発言だけであるばかりではなく、アモス全体の予言から見て終末的なものであることは、容易に想像せられる（アモス八章、ことに八・九）。

(2) 次に政治的軍事的出来事についての予言であるが、まず挙げられるものは例のインマヌエル予言である（イザヤ七・一四）。これはシリヤとエフライム、すなわち、ダマスコと北イスラエルが連合して、ユダの王アハズを退位せしむべく、エルサレムを囲んだ時のイザヤの予言である。敵を前にしてたち騒ぐ、王や高官をはじめ、エルサレムの指導的な市民に対し、イザヤは、「気をつけて、静かにし、恐れてはならない」と強く勧告している（七・

四）。しかし、インマヌエルのしるしは、一方にはユダ王国に対する一時的な救いを約束するものであるが、他方にはわざわいを予告するものであり、救いと裁き、その双方が、ともに意味されている（七・一六、一七）。

しからばイザヤはなぜこのような予言をしたのであろうか。それは、彼の政治的予測によるものか、あるいはまたシオン不滅のドグマによるものか。イェンニはここにフォン・ラートのいう「聖戦」の説を援用し、イザヤはシリヤ・エフライム戦争において、聖戦の古い秩序に立って予言しているのであると見ている。聖戦とは、ヤーウェの戦いであり、またヤーウェのための戦いである。それは、イスラエルの神の力において戦う戦いである。それゆえ、ユダの王アハズが政治的軍事的可能性、歴史的に言えばアッシリヤの援助によってシリヤとエフライムを退けようと計る謀りごとは、まったく誤りであり、この危機において今は従順に神の絶対なる支配に服すべきである。そこから、「主なる神はこう言われる、この事は決して行われない、また起ることはない」というイザヤの予言が発せられた（七・七）。「この事」とは、ユダの国が敵に破られ、アハズがほかの王に代えられるということである。後に、ヒゼキヤの時代、エルサレムがアッシリヤによって囲まれ、エルサレムの陥落が間近いと思われた時にイザヤがとった態度またその発言も、シリヤ・エフライム戦争の時とまったく同じである（イザヤ三〇・一五）。

今一つ例をあげれば、エレミヤが、祖国の運命について、ユダはその罪のためにバビロニヤによって滅ぼされ、その民は敵地に捕え行かれる。そして七十年の間はバビロニヤの王に仕えなければならぬが、七十年たてば、敵国はやがて滅び、「永遠の荒れ地」となると語っている（エレミヤ二五・一一、一二）。なおこの予言は、エレミヤがバビロニヤに捕えられた長老たちに送った手紙の中に、「七十年が満ちるならばわたし（ヤーウェ）はあなたがた（イスラエル）を顧み、わたしの約束を果し、あなたがたをこの所（パレスチナ）に導き帰る」という言葉が繰り返されている（二九・一〇）。

さて、この七十年という数がどこから割り出されているか、問題になるのであるが、要するにエレミヤの予言も前後の関係から見て単なる政治的予測によるものではなく、信仰的な発言だといわなければならぬ。しかし、彼の予言は大体あたっている。すなわち、ユダが滅んでからバビロニヤがペルシャによって倒されるまでの約五十年間であるから、七十年は五十年に縮まっている。

(3) 最後に「実現される終末」についての予言について言えば、イスラエルに対する神の裁きがすでに行なわれ、その救いが間近かに迫っている。それは遠い彼方にあることではなくして、今手もとにすでに来ている。しかも後世における終末信仰のような超越的に現在と未来とをはっきり区別するものではなく、終末的な救いが現在の歴史の中に、もはや事実としてはいりこんでいる、そういう意味の終末である。このイェンニのいうところの「実現される終末」とは、新約でいえば、ドッドなどによって説かれているリアライズド・エスカトロジーロジーと軌を同じくするものであろう。このような終末信仰のおこった歴史的動機は、ペルシャによるバビロニヤの打倒であった。ペルシャ王クロスの世界史登場であり、彼についての第二イザヤの予言がそのことを明らかにする。曰く、

またクロスについては、「彼はわが牧者、
わが目的をことごとくなし遂げる」と言い、
エルサレムについては、「ふたたび建てられる」と言い、
神殿については、「あなたの基がすえられる」と言う（イザヤ四四・二八）。
わたしはわが受膏者クロスの右の手をとって……
もろもろの王の腰を解き、
とびらをその前に開かせて、
門を閉じさせない（四五・一）。

この第二イザヤの予言の中には、二つのことが言われている。すなわち、イスラエルが再び建てられるということと、諸国民がイスラエルの神ヤーウェに服するということがそれである。このような第二イザヤの言葉はただ単に政治的なものではなく、信仰的神学的なものであって、それは古くからの「予言者的、終末的な伝統」を受けつぎ、それを完成したもの

であると言える。もちろん、クロスが受膏者（じゅこうしゃ）であるというのはメシヤ＝キリスト的なものではなく、どこまでも歴史的ではあるが、しかもそれは「終末史的姿」のものであるということが出来よう。

このように著者は、旧約聖書から数々実例を挙げて、彼の所論を裏づけているのであるが、結論において二つのことをいっている。(イ)すなわち、すでにしばしば繰り返したように、予言者による真の政治的発言は、その中心に終末的なものが貫かれていること、(ロ)彼らの予言が果たして完全に実現するか否かは、彼らの重大な関心ではなかった。旧約の中に彼らの予言が実現したと記されているのは予言者自身の言葉ではなく、彼らの弟子、例えばエレミヤにおけるバルクの如き者か、あるいは後世の関心が予言者の言葉としてその中に盛り込まれているのであると見る。それは、いわば「第二次予言者的」な関心の表現とでもいうべきものであるとする。

3

以上がイエンニがその小著の中に述べている大要であると思う。この拙文があたかもブックレビューのようになってしまって甚だ恐縮であるが、さてわれわれは彼の言うところをどう受けとったらよいであろうか。

まず予言者の発言の中に、終末的な信仰が強く貫かれていたということは、われわれもその通りと認めなければならない。しかし、それは政治的なものではなかったであろうか。イエンニも予言者における終末的なものと歴史的なものとは、いわば緊張の関係にあるのであって、両者は切り離しがたいことは認めている。しかし、予言者によって発言された神の「言」は、彼らの時代すなわち人間の「時」と極めて密接に結びついている。その密着度は、旧約における律法や知恵の場合よりはるかに強く大である。予言者の言葉は、その時代を離れては到底意味をなさないものであって、そこに彼らの発言の最も大きな特色がある。従って、勢いイスラエルの政治問題に触れざるを得ないのである。

しかも彼らは或る者の言う如く、「現在について語らず、現在において語る」（レオ・ベック）。すなわち、彼らは第三者的立場に立って時代を政治的に評論するものではなく、時代の中に身を置き、時代に対して信仰的倫理的責任を負いつつ語った。もし予言者の発言に永遠的な意味があるならば、また事実そうであるが、時代を離れた意味での永遠の世界にあって、そこから時代に対して何かを言っているからではない。そもそも、旧約聖書では時間から隔離された永遠などということは考えていないのである。永遠を霊とし、時間を肉とすれば、霊と肉とは離れがたく結びつき、しかもそれは相互に緊張の関係に立つことによって初めて、それが身体であるように、時間と永遠の関係も同様であり、そこに聖書の言う歴史というものが形成される。それゆえ、予言者の発言のもつ永遠的意義は、時代と離れてあるのではなく、時代を潜って生まれて来るものである。

従って、イェンニの言うように、予言者の発言が、実現されたかどうかの関心は必ずしも弟子や後代の人々の解釈と皆言えるかどうか、これは原文批判の問題にもなるのであるから簡単には言えぬことであるが、必ずしも両方は機械的には分けられぬものだと思う。

予言者の政治的関心はかなり現実的であり、ことにエレミヤの場合にそう言える。彼の繰り返し強調する「真実」ということは、一面、現実ということであって、事実を事実としてありのままに正直にまた大胆に見ることをいう。事実を歪曲し、いわば希望的観測をする者が、彼の攻撃する「偽りの予言者」であった。彼らはそれゆえ、「泰(やす)からざる時に泰し、やすし」というのである。エレミヤの特色は、未来に対していたずらに夢を見ず、幻を抱かないというところにある。これは、イザヤなどに比較してエレミヤの大きな違いということが出来よう。そのイザヤにおいてさえ、シリヤ・エフライム戦争の時にも、アッシリヤのエルサレム包囲の時にも、彼が予告したところはまさに適中し、彼の語ったように事実となっているのである。もっとも、それが単なる政治的軍事的予測でなかったことは、断わるまでもない。

第二に、イェンニの書物においては、予言者の未来についての発言と社会的政治的倫理との関係が、全然といってよいほど触れられていない。予言者の時代への発言は、皆イスラエルならびに諸国の罪に関わりをもっている。その罪とは、イスラエルの主、世界の創造者なる神への反逆、不信であることは言うまでもないが、それは倫理的な罪悪、ことに王、役人、金持ちなど、国の支配者・指導者の暴虐とか貪欲の罪である。その意味において、予言者は社会的政治的正義の激しい主張者であった。われわれは、いちいち例を挙げるまでもなく、アモス、ホセア、イザヤ、エレミヤらにおいてそれを見るのである。「公道を水のように、正義をつきない川のように流れさせよ」といったあの有名なアモスの言葉は、ほとんどすべての古典的な予言者にあてはまる（アモス五・二四）。その意味において、マックス・ウェーバーたちの言うように、予言者はイスラエル宗教を合理化したものであるということが出来よう。それはまさに倫理における宗教の合理化である。

もちろん、予言者による社会政治批判の基調となっているものは、広義における彼らの終末信仰によるものではある。それが彼らに一貫する「論理」であるといえよう。すなわち、唯一の創造者なる神ヤーウェの、イスラエルならびに全世界の支配、それがどのようにして実現されるか、ヤーウェの歴史に対する裁きと救いとをもってそれは持ち来たらせられるわけであるが、しかし同時に、彼らの倫理的判断がその政治批判の今一つの基調をなしていると言わなければならない。もし予言者の政治的発言の「論理」というものは何かと言えば、それは宗教的なものと倫理的なもの、この二つであって、それが相互に緊張の関係に立ち、互いに他を支えあって予言者の信仰や思想また行動を力あらしめたということが出来るであろう。そして、このことはすでにモーセの十戒において明らかであり、ある者のいうように、その意味において予言者は「律法の担い手」であったと称することが出来る。

4

さて終りに、旧約予言者の政治的発言を現在の日本にあてはめて見た場合にどういうことになるであろうか。予言者の教えるところにいかほど永遠的な意味があり、それがやがてイエス・キリストの福音に連なるとは言え、彼らの発言にはやはり、民族的時代的な枠がはめられている。そもそも、彼らの批判の直接の対象となったイスラエルは、アルトやノートなどの説くところに従えば、「祭儀連合」によって始まっている民族であって、日本のような国家の成立とは違う。それのみならず、イスラエルにおいては、何と言ってもその神はただ一人ヤーウェであって、ほかの神々は皆偶像であり、神ならざる神である。旧約における無神ということは、いっさいの神を否定することではなく、真の神ヤーウェを否定し、ほかの偶像を神として礼拝することである。そのような国と、日本のように今日においてもなお八百万の神々が拝せられている国とは、全く精神的状況を異にする。イスラエルはいわばその名の示すようにただ一人の人格的創造者的な神の支配する国、それを根本的な立て前とする国、言わば「教会的国家」であった。それゆえ、このような国において発言した旧約予言者の言葉をもって、それをそのまま日本の国にあてはめるわけには行かない。

しかし、予言者の政治的発言の基調となったもの、いわばその論理、すなわち前言するような終末信仰とそれから倫理批判、この二つは今日の日本においてもまた活かされてしかるべきではなかろうか。

その点において、日本の教会は今まで聖書の教えに果たして忠実であったかどうか、反省されてしかるべきであろう。教会は「祭司的」であると共に「予言者的」でなければならぬとよく言われるが、それはどういう意味か。教会が祭司的であるためには、一応時代というものを離れてその役割は果たされ得る。教会はここに集まる個人個人の魂、その生活の導き手であり、守り手であればよろしい。しかし、そういう個人というものは、やはりこの現実の社会に働き、この時代に生きている。国家とか社会を離れた個人というものは、抽象的な存在でしかない。それゆえ、教会が真に祭司的であるためにも、予言者的な任務とは切り離されぬものとなる。教会が時代に対して無関心であるならば、個人の魂や生活を導き切れぬ、守り切れぬという結果になるであろう。

この点において、今までのわが国の教会は残念ながら無教会に一歩を譲らねばならぬのではないか。無教会が教会より政治的発言をしやすい体制や立場にあるということは、一応認めねばならぬであろう。しかし、そのような比較によって、教会の政治的責任が解消したことにはならない。

われわれは内村鑑三が日露戦争の時、非戦論をあくことなく主張したことを思い起こす。

その時代の言論が比較的自由であったからというようなことは、あまり根本的な理由にはなるまい。内村が、国家から直接露骨な迫害、文字通りの殉教というほどのものを受けなかったようであるが、精神的にはほとんど無援孤立の状態において、敢えて非戦論を唱えた動機は、一つには聖書の信仰が彼をして平和を叫ばしめたのであるが、今一つには日清戦争の時、彼がこの戦争を義戦であるとかつて弁護したことについてその誤りを認めた結果によると、彼自身が告白している通りである。すなわち、日清戦争は日本を決して倫理的ならしめなかった。むしろ、日本がこの戦争に勝利することによって、日本の政治も堕落し、日本人そのものも腐敗したと彼は見ているのである。

内村による戦争否定は、日清、日露の時代的歴史的状況において、その制約の中で語られたものであるが、それはまさに、一つには聖書の宗教的真理——イェンニによれば予言者の終末信仰と、今一つには日本人に対する、内村の倫理的判断によるものであると言えよう。内村のいわゆる再臨運動もこの線に連らなるものと見ることが出来る。そして彼の戦争否定の論理は、第一次、第二次世界大戦を経た今日、この日本にも、また全世界にもあてはめ得るわけである。

聖書の片言隻語（へんげんせきご）が部分的にどう言おうとも、また過去のキリスト教の教理が何と説こうとも、戦争は神の意志——義にして愛なる神の世界支配に沿わざる罪悪である。このような政治的歴史的発言を、一個の予言者として大胆になした者は、無教会主義を唱えた内村鑑三であったことを、教会側にあるわれわれもまた率直に認めざるを得ない。

イェンニの所論とは大変はずれてしまったが、イスラエル予言者の予言をただ学説として検討するだけではなく、今日の世界危機にあてはめてみた場合にどういうことになるか、「終末信仰」ということも、われわれにとってただ聖書の信仰を学問的に理解する合言葉に終ってしまってはなるまい。それが「ヤーウェの日は近い」と叫んだイスラエル予言者の時代に対する信仰的感覚に照らして、われわれの感覚がどうであるのか、果たして鋭く正しいか、あるいは鈍(に)ぶり誤っているか、それを反省せしめる生きた神の言葉として彼らの予言を受け取らなくてはなるまい。神学は、文字通り神のことばについての学問として、教会の中に強く活かされねばならぬと信ずる。時代に対してついに何ら信仰の決断をなさざる神学者は死んだ神学者と言われても、弁解の辞なきを歎かぬであろうか。イスラエル予言者を研究することはやさしい、しかし予言者の如く生きることはむずかしい。

参考のためにイェンニの書物の原名を記す。Ernst Jenni: Die politische Voraussagen der Propheten, 1956 (Zwingli-Verlag, Zürich).

解題

田島　卓

「イスラエル予言者を研究することはやさしい、しかし予言者の如く生きることはむずかしい」（二四九頁）。青山学院大学などで神学教授を務め、いまも渋谷区に静かに立つ美竹教会を開拓した浅野順一は、一九六三年の本書の改訂に際して付録された文章の最後にこう書いている。戦争の時代にあって、破局への道をころがり落ちていった当時の国家に対して、キリスト教会は十分な批判と抑止を行うことができず、かえって戦争礼賛に加担してしまったことを思えば、戦後、この言葉を書きつけた浅野の胸の中にあったものの重さはいかほどのものであったろうか。

「預言者」（ネビイーム）とは、「律法」（トーラー）や「諸書」（ケトゥビーム）とならんで旧約聖書を構成する三つの区分のうちの一つであるとともに、しばしば、当時の国家体制や権力、人々を圧迫する不正義を糾弾する人々の名であり、また、自らの中にある罪や悪の問題から目を背け(そむ)ようとする人々――つまり普通の人々――の耳に、聞きたくもない、したがって正鵠を得た批判の言葉を聞かせる人々の名であった。

彼らのことを、現代の日本のキリスト教文化では、「預言者」と書くことの方が普通である。なぜなら、旧約聖書で語られる彼らは、神の言葉を「預かり」、それを人々に聞かせることが主要な働きなのであって、未来を「予告」することに本質があるわけでない、という理解があるからである。しかし、浅野は一九六三年に新教出版社から改訂版を出したときにも「豫言者」、すなわち「予」の旧字体を用いている。浅野自身は、創文社から出された著作集第二巻『旧約神学研究I』六四頁で「元来『予言者』という語の意義は「語る者」というのであって必ずしも予め言う者の謂いではない」といい、預言者の本分が未来予測などではないことを知悉（ちしつ）しているが、にもかかわらず、「豫言者」という言葉を用いているところから、今回、講談社学術文庫に収録するにあたっては「豫」の新字体を採用し、「予言者」と表記している。

浅野の弁護のためにというわけではないが、そこに正当性がないわけではない。欧米語で預言者を意味する語は、ギリシャ語のプロフェーテースに由来するが、これは字義通りには「予め語る者」となる（なお、「預」の字にも「あらかじめ」の語義はある）。この言葉通りに、たしかに、預言者は未来についても語りうる。ただし、予め決められて回避不可能なプログラムを読み上げるのではなく、不確定な未来に対して、語られる神の言葉がまさに生起するであろうことを配慮して、未来について語るのである。そのため、たとえばドイツの神学校向けの教科書では、預言者を、Vorhersager（予め語る者）であり、Hervorsager（〔言葉の示す出来事が〕こちらに〔生じるように〕語る者）であるという言葉遊びを紹介しているものもある。

言葉が指し示すものを事柄として生起せしめることに関心を払う預言者の振る舞いは、決して摩擦のないものではない。預言者は「その鋭き宗教的洞察力をもって国民生活の危機を看破し、生を賭してその警告者となった。彼らは実に平地に波瀾を捲き起こす煩わしい者たちであり、平和を来たらせず、かえって剣を投ずる攪乱者であった。しかし彼らはイスラエルの良心であり、その故に安易に妥協することを許されない」（二二六頁）。

個人の心に由来するものであれ、社会構造の不全に由来するものであれ、罪や悪の問題が出来しているときに、その問題を真正面から見ることを避け、問題の実在性を否んで、平和を取り繕うことは人間の世界の常である。しかし、糊塗された平穏を看過できない過敏な宗教的精神を持ち、安易に語られる「平和、平和」という声を否んでその欺瞞を明らかにし、巷に騒ぎを起こす者たちが預言者である。そして、だからこそ、預言者はイスラエルの良心なのである。

冒頭に触れた浅野の言葉に戻ろう。預言者であることとは、国家に対してそのような「良心」であるはずであった。預言者は現在において語る。すなわち、預言者は「第三者的立場に立って時代を政治的に評論するものではなく、時代の中に身を置き、時代に対して信仰的倫理的責任を負いつつ語った」（二四三頁）はずである。預言者は、時代から離れて、第三者の安全圏から語るのではない。むしろ時代の中にあって、預言者は当事者である。しかし、当事者として彼を取りまく政治的状況に密着しているのでもない。現実の政治的状況に密着してしまえば、現実の世界の在り方が絶対化してしまい、世界が他の在り方でもありうるということへの洞察が失われるからである。

預言者たちがこの世の状況の中に常に巻き込まれながらも、しかし、権力を恐れず、批判的な精神を保ちうるのは、彼らが世界の外部を、つまりは神を知るからである。そうした意味で預言者たちの働きを支えているものは信仰なのである。浅野の預言者論において、政治的・歴史的な現実の状況と信仰の在り方は、こうした仕方で結びついている。

このように、醒めた現実認識と苛烈な信仰という二つの側面によって預言者を研究し、理解してきた者が、二度の大戦を超えて語る正直な言葉が「イスラエル予言者を研究することはやさしい、しかし予言者の如く生きることはむずかしい」というものであった。

さて、本書に収められた浅野の論考は、おおよそ一九三〇年頃に書かれたものであって、当然、時代的な制約からは自由ではないし、すでに時代遅れになってしまった点もある。例えば、ヤハウィスト（J）、エロヒスト（E）、祭司文書（P）、申命記資料（D）という、もとは相互に独立した四つの文書であったものが、切り貼りされて現在のモーセ五書（創世記、出エジプト記、レビ記、民数記、申命記）が成立したという文書仮説は、一九七〇年代頃までは旧約聖書研究の通説であったが、現在では様々な疑義や修正案が出されている。六〇頁にあるように、ヤハウィスト（ヤーウェ典）という文書は紀元前一〇世紀頃に成立したとされることが多く、浅野の理解もそれに従っているようであるが、今ではむしろ捕囚期以降（紀元前六世紀以降）に位置付けられたりされる、という具合である。

預言者に関する研究もまた、浅野の時代とはかなり趣が異なっている。かつては、預言者は卓越した言語能力をもって語り、また書いて、その言葉がそれぞれの預言者の名前を持つ預言書に結晶していったと考えられていた。浅野の考えも基本的にはこういったモデルに立脚している。しかし、近年ではむしろ、預言者本人が語った言葉そのものはほとんど再構成不能であり、預言書の大部分は、預言者の言葉を受け取った弟子たちが、それぞれの時代のなかで、伝承されてきた預言者の言葉に向き合い、言葉を再解釈し、その解釈や注釈、敷衍などを書き加えるというかたちで書き継いだ（Fortschreibung）というモデルが強くなってきている。

預言者個人の実存に注目し、その宗教体験を重視するという浅野のスタイルは、その意味で十九世紀的なロマン主義の残り香を強く発している。しかしそのことによってこそ見えてくるものがあることもまた事実である。

『予言者の研究』出版に際して書き下ろされた付録である『旧約研究の方法論について』で

浅野はこう語る。「祈りのうちに自分を空しうし、謙虚な態度をもって聖書に対する時、その真理が我々の霊魂に明らかにせられる。換言すれば聖書の本質的な理解は信仰によって初めて与えられる」（二三二頁）。こう宣言されている通り、浅野の研究の主要な関心がキリスト教信仰にあることは見逃されてはならない。宗教多元主義のこの時代にあっては、この点もまた古めかしく感じられるかもしれない。しかし、創文社著作集版の解説で木田献一が指摘するとおり、浅野の旧約聖書研究は植村正久、森明、高倉徳太郎といった日本におけるプロテスタントの流れを自覚的に継承するものであって、彼らは当時の日本の課題と無縁ではなかった。そうした時代の課題と向き合うとき、一方で文献批評、他方で歴史研究という二つの学問的成果を十分に踏まえながらも、これらを超えて、牧師としての浅野にとっての最大の関心の所在は、人を人として生かしめるものへの眼差しにあり、それが浅野においては「信仰」という言葉で表出されていると理解することは必ずしも不当ではないだろう。

ユリウス・ヴェルハウゼンに代表される文献批評およびヘルマン・グンケルに代表される宗教史学派を併せてこれを「在来の破壊的な批評学」とし、その一方では聖書の一言一句が絶対無謬（むびゅう）であるという逐語霊感説を退ける浅野は、両者が共に「主観的な研究方法」だとしている（二三一頁）。

学問の冷淡さでもなく、理性を無視した狂信でもない途の上に、浅野の旧約研究を支える信仰がある。「我々が霊魂の深奥の要求をもって聖書における神の言葉に導かれつつ聖書に対する時、聖書は初めてその本来の働きを発揮することが出来る」（二三二頁）と浅野は書いているが、浅野自身が自らの魂を賭けて旧約テクストと向かい合った成果の一つが本書であり、そこでは右に述べた浅野の研究方針が遺憾無く発揮されている。浅野の預言者研究もやはり「時代の中に身を置き、時代に対して信仰的倫理的責任を負いつつ語った」ものである以上、これを読む私たちもまた「予言者の如く生きること」を目指し、求道する神学者の姿を見るのである。

（東北学院大学准教授）

KODANSHA

本書の原本は一九九七年三月、『豫言者の研究』として、新教出版社より刊行されました。

文庫化にあたり、読みやすさに配慮して、豫言を予言と新字に代える（P250「解題」参照）ほか、旧字を随時、常用漢字に置き換えています。またルビの追加を行い、明らかな誤植は訂しています。

なお本書には現在では差別的とされる表現も含まれています。著者が故人であることと差別を助長する意図はないことを考慮し、原本刊行時の文章のままとしました。

浅野順一（あさの・じゅんいち）

1899年−1981年。福岡県に生まれ。牧師，神学者（旧約聖書学）。青山学院大学名誉教授，キリスト教功労者。東京商科大学（現一橋大学）を卒業後，東京神学社で高倉徳太郎らに師事。その後，イギリス，ドイツに留学して聖書学を学ぶ。『詩篇 古代ヘブル人の心』『イスラエル預言者の神学』『モーセ』『旧約聖書と現代』『浅野順一著作集』全11巻など著書多数。

定価はカバーに表示してあります。

予言者の研究

浅野順一

2023年4月11日　第1刷発行

発行者　鈴木章一
発行所　株式会社講談社
東京都文京区音羽 2-12-21 〒112-8001
電話　編集（03）5395-3512
販売（03）5395-4415
業務（03）5395-3615
装　幀　蟹江征治
印　刷　株式会社広済堂ネクスト
製　本　株式会社国宝社
本文データ制作　講談社デジタル製作

ISBN978-4-06-531411-1

「講談社学術文庫」の刊行に当たって

これは、学術をポケットに入れることをモットーとして生まれた文庫である。学術は少年の心を養い、成年の心を満たす。その学術がポケットにはいる形で、万人のものになることは、生涯教育をうたう現代の理想である。

こうした考え方は、学術を巨大な城のように見る世間の常識に反するかもしれない。また、一部の人たちからは、学術の権威をおとすものと非難されるかもしれない。しかし、それはいずれも学術の新しい在り方を解しないものといわざるをえない。

学術は、まず魔術への挑戦から始まった。やがて、いわゆる常識をつぎつぎに改めていった。学術の権威は、幾百年、幾千年にわたる、苦しい戦いの成果である。こうしてきずきあげられた城が、一見して近づきがたいものにうつるのは、そのためである。しかし、学術の権威を、その形の上だけで判断してはならない。その生成のあとをかえりみれば、その根は常に人々の生活の中にあった。学術が大きな力たりうるのはそのためであって、生活をはなれた学術は、どこにもない。

開かれた社会といわれる現代にとって、これはまったく自明である。生活と学術との間に、もし距離があるとすれば、何をおいてもこれを埋めねばならない。もしこの距離が形の上の迷信からきているとすれば、その迷信をうち破らねばならぬ。

学術文庫は、内外の迷信を打破し、学術のために新しい天地をひらく意図をもって生まれた。文庫という小さい形と、学術という壮大な城とが、完全に両立するためには、なおいくらかの時を必要とするであろう。しかし、学術をポケットにした社会が、人間の生活にとってより豊かな社会であることは、たしかである。そうした社会の実現のために、文庫の世界に新しいジャンルを加えることができれば幸いである。

一九七六年六月

野間省一

宗教

土岐健治著
死海写本　「最古の聖書」を読む
さまざまな解釈を生み、世界を騒がせてきた「最古の聖書」には何が書かれているのか。書き残したクムラン宗団とはいかなる思想を持っていたのか……。膨大な研究成果をコンパクトにまとめた、最良の解説書。
2321

荒井　献著
ユダとは誰か　原始キリスト教と『ユダの福音書』の中のユダ
イエスへの裏切りという「負の遺産」はどう読み解くべきなのか。ユダを「赦し」と「救い」から排除した原始キリスト教における思想的・政治的力学とはなにか。隠された真のユダ像を追った歴史的探究の成果。
2329

横山紘一著
唯識の思想
唯だ心だけが存在する――。不可思議にして深遠な心の構造を観察・分析し、そのありよう＝八種の識を解き明かす唯識とは何か。この古くて新しい、大乗仏教の普遍的な根本思想の世界へといざなう最良の入門書。
2358

加藤　隆著
『新約聖書』の誕生
イエス死後の三百年間に何が起きたのか。「後発」で「特殊」な文書集が権威となりえた秘密は何か。教団主流派が「異端」活動の果実を巧みに取り入れ、聖なる「テキスト共同体」を作り出すまでを明らかにする。
2401

八木谷涼子著
キリスト教の歳時記　知っておきたい教会の文化
世界中のキリスト教会が備えている一年サイクルの暦。イエスやマリアに関わる日を中心に、諸聖人を記念した祝祭日で種々の期節が彩られる。クリスマス、イースターはじめ、西方・東方ほか各教派の祝祭日を詳述。
2404

倉田百三（ひゃくぞう）著（解説・稲垣友美）
新版　法然と親鸞の信仰
信仰は思想ではない。生きることそのものなのだ！『出家とその弟子』で知られる求道的文学者が、「一枚起請文」と「歎異鈔」の世界に深く分け入り、情熱をこめて信仰と人生を語り説く。感動の仏教入門。
2432

宗教

菩薩　由来と信仰の歴史
速水　侑著
観音、弥勒、地蔵、文殊、日光・月光。「悟りを求める人」はさまざまな姿で現れる。各尊の成り立ちとご利益、日本への伝来と信仰の歴史を、写真や図版をまじえて解説する仏教学入門。仏像拝観の手引きにも。
2583

トマス・アクィナス『神学大全』
稲垣良典著
神とは何か。創造とは、悪とは、そして人間の幸福とは？　キリスト教の根源にトマスはいかに挑んだか。「ひとりの修道者としてのトマス」による「一冊の書物」として、斯界の第一人者が読む『大全』の核心。
2591

イミタチオ・クリスティ　キリストにならいて
トマス・ア・ケンピス著／呉　茂一・永野藤夫訳
十五世紀の修道士が著した本書は、『聖書』についで多くの読者を獲得したと言われる。読み易く的確な論しに満ちた文章が、悩み多き我々に安らぎを与え深い瞑想へと誘う。温かくまた厳しい言葉の数々。
2596

最澄と天台教団
木内堯央著（解説・木内堯大）
律令国家の中で機能する仏教のあり方を追究した最澄の生涯と、円仁、円珍をはじめ、良源、源信、天海ら高僧を輩出して国教的な地位を占め、日本仏教の母胎となった天台教団の歴史。日蓮も、道元も、ここで学んだ。
2609

ロシア正教の千年
廣岡正久著
モスクワを第三のローマに！　弾圧に耐え、権力と対峙しながら人々の精神的支柱となってきたロシア正教会の歴史を、政治と社会の流れの中で捉えた労作。ツァーリ専制の時代から、プーチンとの蜜月まで。
2617

朝鮮仏教史
鎌田茂雄著
東アジア仏教圏に属しながら、中国とも日本とも異なる独自の仏教文化を持つ朝鮮半島。高句麗・新羅・百済三国時代の伝播から、高麗、李朝、そして現代に至る仏教の歴史的展開を総覧する。
2624

文学・芸術

目加田　誠著
詩経（しきょう）
中国古代民衆の心情を伝える美しい古典詩集。遥か遠い殷の世から紀元前五、六世紀の春秋時代までに詠われた詩を現代語に訳し解説。中国文学研究の最高権威が精魂こめて著した『詩経』研究の決定版。

953

H・D・ソロー著／佐渡谷重信訳
森の生活　ウォールデン
コンコードの村はずれのウォールデン池のほとりに、ソローは自ら建てた小屋で労働と自然観察と思索の生活を送りながら、自然に生きる精神生活のすばらしさを説く。物質文明への警鐘、現代人必読の古典的名著。

961

B・タウト著／森　儁郎（としお）訳（解説・持田季未子）
ニッポン
憧れの日本で、著者は伊勢神宮や桂離宮に清純な美の極致を発見して感動する。他方、日光陽明門の華美を拒みその後の日本文化の評価に大きな影響を与えた。世界的な建築家タウトの手になる最初の日本印象記。

1005

田中仙樵著（解説・田中仙堂）
茶道（ちゃどう）改良論
明治三一年に大日本茶道学会を創設した著者は、衰退した茶道を復興するために秘伝開放を主張し、奥義の実践普及に努めた。今も大きな影響力を保つその茶道観を語った厖大な著述から、主要論文を精選した論集。

1036

B・タウト著／森　儁郎（としお）訳（解説・佐渡谷重信）
日本文化私観
世界的建築家タウトが、鋭敏な芸術家的直観と秀徹した哲学的瞑想とにより、神道や絵画、彫刻や建築など日本の芸術と文化を考察し、真の日本文化の将来を説く。名著『ニッポン』に続くタウトの日本文化論。

1048

小西甚一著（解説・ドナルド・キーン）
日本文学史
洗練された高い完成を目指す「雅」、荒々しく新奇な魅力に富んだ「俗」。雅・俗交代の視座から日本文学の歴史を通観する独創的な遠近法が名高い幻の名著の復刊。大佛賞『日本文藝史』の原形をなす先駆的名著。

1090